Revolution, Umbruch, Neuaufbau

Schriftenreihe der Johannes-Sassenbach-Gesellschaft
Band 4

DETLEV BRUNNER
CHRISTIAN HALL

Revolution, Umbruch, Neuaufbau

Erinnerungen gewerkschaftlicher Zeitzeugen der DDR

be.bra
wissenschaft verlag

Gefördert von der Hans-Böckler-Stiftung.

Hans Böckler Stiftung

Fakten für eine faire Arbeitswelt.

Bibliografische Information der Deutschen Nationalbibliothek
Die Deutsche Nationalbibliothek verzeichnet diese Publikation in der Deutschen Nationalbibliografie; detaillierte bibliografische Daten sind im Internet über http://dnb.d-nb.de abrufbar.

KulturBrauerei Haus 2
Schönhauser Allee 37, 10435 Berlin
post@bebra-wissenschaft.de
Lektorat: Matthias Zimmermann, Berlin
Gesamtgestaltung: typegerecht, Berlin
Umschlag: Demonstration vor dem FDGB-Bundesvorstand, Berlin, Märkisches Ufer, 6.12.1989 (Quelle: Bundesarchiv/Bildarchiv: Bild 183-1989-1206-040).
Schrift: DTL Albertina 9,8/13 pt
Druck und Bindung: Friedrich Pustet, Regensburg
ISBN 978-3-95410-051-4

www.bebra-wissenschaft.de

Inhaltsverzeichnis

Vorwort

Die Johannes-Sassenbach-Gesellschaft (JSG) setzt mit dieser Publikation von Detlev Brunner und Christian Hall ihre Schriftenreihe – nach langer Pause – fort. Hatte unsere Aufmerksamkeit bisher vor allem Sassenbach selbst gegolten, wenden wir uns nun auch der jüngsten Geschichte, hier dem Prozess der deutschen »Wiedervereinigung« nach 1989, zu. Damit soll allerdings kein prinzipieller Wechsel vollzogen werden; auch zukünftig sollen Themen aus den verschiedenen historischen Epochen Aufnahme in die Reihe finden.

Beinahe 25 Jahre nach Mauerfall und »Wiedervereinigung« war uns aufgefallen, dass die Gewerkschaften der DDR insgesamt, besonders aber während des Einigungsprozesses und kurz danach, aus dem Blickfeld der Wissenschaft geraten waren. Die JSG hat das zum Anlass genommen, ein kleines Projekt zu initiieren, bei dem DDR-Gewerkschafter zu den Umbruchzeiten nach 1989 befragt wurden. Dankenswerterweise hat die Hans-Böckler-Stiftung es ermöglicht, dieses Projekt zu erweitern und zu vertiefen.

Im vorliegenden Band präsentieren Detlev Brunner und Christian Hall Ergebnisse dieses Projekts, bei dem insgesamt 15 Gewerkschafterinnen und Gewerkschafter verschiedenen Alters mit unterschiedlichen Funktionen aus mehreren Organisationsbereichen und -ebenen zum Zeitraum zwischen Friedlicher Revolution und Frühphase des vereinten Deutschland befragt wurden.

Diese Befragung fördert Erkenntnisse zutage, die mit anderen Methoden kaum oder gar nicht zu erzielen gewesen wären. So sind etwa die »Montagsdemonstrationen« durchaus in den Betrieben mittels Diskussion und Meinungsbildung vor- und nachbereitet worden, sodass der gängige Befund, Arbeitnehmerinnen und Arbeitnehmer hätten nicht zur Friedlichen Revolution beigetragen, modifiziert werden dürfte. Auch die Schilderungen der Kontaktaufnahme zwischen Gewerkschaftern hüben und drüben bieten Neuigkeiten, nicht zuletzt Peter Wittes Darstellung seines ersten Zusammentreffens mit der westdeutschen IG Bergbau und Energie. Von ganz besonderem Reiz, ja sogar historischer Pikanterie, ist die ausführliche Auskunft Renate Hürtgens über ihren Kontakt mit Heiner Müller vor der großen Demonstration am 4. November 1989 auf dem Alexanderplatz in Berlin und dessen Folgen. Alles in allem liegt hier eine kompakte Informationsfülle zu Bereichen und Themen vor, die bisher eher im Dunklen lagen. Es bietet sich an, weitere gewerkschaftliche Zeitzeugen zu befragen, um bedeutsame Erinnerungen zu heben und zu bewahren.

Ich danke der Hans-Böckler-Stiftung, namentlich Dr. Michaela Kuhnhenne, für die zugewandte Förderung des Projekts und Detlev Brunner und Christian Hall für dessen kompetente Durchführung und Umsetzung.

Mettmann, 9. Oktober 2014
Hans-Otto Hemmer (Vorsitzender der Johannes-Sassenbach-Gesellschaft)

Einleitung

Es war »wie eine Erlösung, wie eine Befreiung, im wahrsten Sinne des Wortes«, »Freude, blanke Freude«, »das war, naja, so richtig Aufbruchsstimmung«, »für mich hat sich zu der Zeit dann schon, sozusagen, so ein Stück neue Welt, für mich ganz persönlich, eröffnet«.[1]

Diesen positiven Erfahrungen der revolutionären Umbruchzeit 1989/90 stehen Ernüchterungen, mitunter auch Enttäuschungen zur Seite, die sich angesichts der vielfältigen Herausforderungen und Probleme im gewerkschaftlichen Neuordnungsprozess und in der sozialen und wirtschaftlichen Transformation im sich vereinenden Deutschland einstellten. Von den unterschiedlichen Erfahrungen und den Erinnerungen an diese Umbruch- und Neuordnungsphase handelt die vorliegende Publikation. Sie greift damit einen tiefgreifenden Mangel auf. In der öffentlichen Wahrnehmung stehen beim Gedenken an das Ende der DDR und den sich anschließenden Weg zur deutschen Einheit die Montagsdemonstrationen, die Ausreisewelle, die Währungsunion im Juli 1990 oder der Tag der Einheit am 3. Oktober 1990 im Vordergrund. Der Mauerfall am 9. November 1989 nimmt, obgleich er im Grunde die Folge eines historischen Zufalls (des »Versprechers« Günter Schabowskis) war, erinnerungspolitisch eine besonders prominente Rolle ein. Dies alles ist allein wegen der jeweiligen Symbolkraft nachvollziehbar. Ausgeblendet wird dabei, dass ohne die Zigtausenden Beschäftigten aus den Betrieben, Verwaltungen und Büros die Montagsdemonstrationen und die Demokratiebewegung in der DDR kaum die Durchschlagskraft erzielt hätten, die sie in der »Friedlichen Revolution« zeigten. Ausgeblendet wird – von wenigen Ausnahmen abgesehen – auch, dass zahlreiche dieser Demonstranten in ihren Betrieben Diskussionen anregten, Reformen forderten, gewerkschaftliche Neuorientierung anstießen. Teils im Zusammenhang damit, teils unabhängig davon wurde auch in den Gewerkschaften der noch existierenden DDR ein Neubeginn erkennbar. Die sich gegen die alten, SED-dominierten FDGB-Strukturen durchsetzenden Neugründungen und Reformansätze waren eine unverzichtbare Voraussetzung für den demokratischen gewerkschaftlichen Erneuerungsprozess und die ab Herbst 1990 realisierte deutsche Gewerkschaftseinheit. Im 25. Jahr des »Mauerfalls« gilt es, diese Seite der »Wende«-Geschichte endlich deutlicher ins Blickfeld zu rücken.

1 In der Reihenfolge der Zitate: Transkript des Zeitzeugengesprächs mit Peter Witte, S. 23, Transkript des Zeitzeugengesprächs mit Renate Hürtgen, S. 32, Transkript des Zeitzeugengesprächs mit Thomas Arnold, S. 25, Transkript des Zeitzeugengesprächs mit Sieglinde Merbitz, S. 11. Im Folgenden werden die Transkripte der Interviews zitiert als Transkript [Name], S. …

1989 und die Folgen als gewerkschaftliche Erinnerungsgeschichte

Erinnerung und Erfahrung sind wesentliche Elemente des kulturellen Erbes einer Gesellschaft. Wie und woran sich eine Gesellschaft erinnert, ist von erheblicher Bedeutung für ihr Selbstverständnis und ihre Identität. Gleiches gilt für soziale Großorganisationen wie die Gewerkschaften, die ihrerseits auf gesellschaftliche Entwicklungen und Identitätsbildung einwirken können. Die Erinnerungen und Erfahrungen gewerkschaftlicher Akteurinnen und Akteure an den Umbruchs- und Vereinigungsprozess sind nicht nur für die Gewerkschaften selbst, sondern für die bundesdeutsche Gesellschaft insgesamt von Bedeutung. Erinnerungsgeschichte hat seit geraumer Zeit Eingang in die historische Wissenschaft gefunden. In den 1980er Jahren wurden die Forschungen des französischen Soziologen Maurice Halbwachs aus den 1920er Jahren »wiederentdeckt«. Seine Erkenntnis, dass individuelle Erinnerung in einen kollektiven Rahmen eingebettet sei und von diesem wiederum geprägt werde, stellt eine der Grundlagen für die Erinnerungsforschung jüngster Zeit dar. Namentlich der Ägyptologe Jan Assmann und die vergleichende Literaturwissenschaftlerin Aleida Assmann haben entscheidend zum wissenschaftlichen Diskurs in diesem Bereich beigetragen.[2]

Die vorliegende Publikation ordnet sich in das weite Feld der Erinnerungsgeschichte und der in diesem Zusammenhang agierenden Erinnerungspolitiken ein. Sie basiert auf einem an der Universität Leipzig durchgeführten Interviewprojekt, in dessen Verlauf im Zeitraum 2012/13 mit insgesamt 15 Zeitzeuginnen und Zeitzeugen Gespräche geführt wurden. Diese Interviews wurden per Video aufgezeichnet und liegen in transkribierter Form vor.[3] Neben biografischen und politischen Prägungen waren vor allem folgende Fragen von grundlegendem Interesse: Wie wurden die Veränderungen ab 1989/90 vor dem Hintergrund bisheriger DDR-Realität erlebt? Welche Hoffnungen und Erwartungen wurden auf die Neuordnung gerichtet? Welche Ängste waren mit den tiefgreifenden Veränderungen verbunden? Welche konkreten Probleme ergaben sich mit den umstürzenden Entwicklungen im Betriebsalltag und mit den neuen organisatorischen Anforderungen? Wie verliefen Kontakt und Kommunikation mit den westdeutschen Gewerkschaftskolleginnen und -kollegen? Wie wurden und wie werden die Ergebnisse der gewerkschaftlichen Einigung eingeschätzt und wie das »gewerkschaftliche Erbe« der DDR beurteilt?

Grundsatzkriterien für die Auswahl der 15 Interviewpartnerinnen und -partner waren eine Herkunft aus der DDR und ein gewerkschaftliches Engagement im Zeitraum von der

2 Maurice Halbwachs: Das Gedächtnis und seine sozialen Bedingungen (französische Erstausgabe 1925), Frankfurt am Main 1985; Aleida Assmann: Der lange Schatten der Vergangenheit. Erinnerungskultur und Geschichtspolitik, München 2006, Jan Assmann: Kollektives Gedächtnis und kulturelle Identität, in: ders./ Tonio Hölscher (Hrsg.): Kultur und Gedächtnis, Frankfurt am Main 1988, S. 9–19.

3 Videoaufzeichnungen und Transkripte sind entsprechend der von den Interviewten eingeräumten Nutzungsrechte im Archiv der sozialen Demokratie der Friedrich-Ebert-Stiftung in Bonn einsehbar. Auszüge werden auch unter http://www.zeitzeugen.fes.de/zur Verfügung stehen.

Friedlichen Revolution bis zum anschließenden demokratischen Umbruch einschließlich der Frühphase des vereinten Deutschlands. Um größtmögliche Multiperspektivität zu erzielen, wurden unterschiedliche Generationen sowie eine Vielfalt der gewerkschaftlichen Funktionen und Organisationsbereiche berücksichtigt. Ziel des Projektes konnte nicht die Herstellung von Repräsentativität sein, sondern die Dokumentation individueller Erinnerung und Erfahrung.

Bemerkungen zum Forschungsstand

Die historische Zäsur von 1989/90, die Friedliche Revolution und der Weg in die deutsche Einheit sind mittlerweile Gegenstand zahlreicher Publikationen. Eine kaum überschaubare Menge an Veranstaltungen, Features in Rundfunk und Fernsehen, Ausstellungen und Präsentationen unterschiedlichster Art widmete sich zudem vor allem anlässlich »runder« Jubiläen dem Mauerfall und dem Vollzug der Einheit. Dies wird auch bei den 25. Jahrestagen 2014 und 2015 nicht anders sein. Auffallend ist sowohl in der wissenschaftlichen Forschung wie in der erinnerungs- und geschichtspolitischen Präsentation, dass die Rolle der Gewerkschaften bei der gängigen Erzählung der Geschichte seit 1989 ausgeklammert bleibt. Revolution, Umbruch und Einheit scheinen sich weitgehend ohne die deutschen Gewerkschaften vollzogen zu haben. Dies hat vermutlich damit zu tun, dass öffentliche wie wissenschaftliche Wahrnehmung den gewerkschaftlichen Bereich wenig mit jenen Abläufen seit dem Herbst 1989 assoziieren. Montagsdemonstrationen erscheinen Aufsehen erregender als Debatten im Betrieb oder in gewerkschaftlichen Gremien. Auch hat wohl die zunächst zurückhaltende und teils verunsicherte Haltung der bundesrepublikanischen Gewerkschaften und des in Agonie und Auflösung begriffenen FDGB in der DDR zu diesem Bild beigetragen. Zudem haben sich die Gewerkschaften selbst bislang kaum einer historischen Thematisierung dieser Phase ihrer Geschichte gewidmet.

Noch aus zeitaktueller Perspektive der frühen 1990er Jahre liegt eine Reihe von ersten Arbeiten politik- und sozialwissenschaftlicher Provenienz zum gewerkschaftlichen Neuordnungsprozess vor.[4] Die Befragung gewerkschaftlicher Akteurinnen und Akteure war bereits zu diesem Zeitpunkt Bestandteil einiger der wissenschaftlichen Projekte. Zu nen-

4 Siehe Heinrich Tiemann: Gewerkschaftseinheit in Deutschland: Wege und Strategien, in: Frank Löbler/Josef Schmid/Heinrich Tiemann (Hrsg.): Wiedervereinigung als Organisationsproblem. Gesamtdeutsche Zusammenschlüsse von Parteien und Verbänden, Bochum 1991, S. 111–124; Kurt Thomas Schmitz/Heinrich Tiemann/Klaus Löhrlein: Mitgliederentwicklung: Gewerkschaftseinheit und Gewerkschaftsaufbau in Deutschland, in: Michael Kittner (Hrsg.): Gewerkschaftsjahrbuch 1991. Daten-Fakten-Analysen, Köln 1991, S. 70–89; zur Dokumentation des gewerkschaftlichen Einigungsprozesses siehe auch Gewerkschaftliche Monatshefte 41 (1990) 5/6 1990, Themenheft: »Auf dem Weg zur deutschen Einheit«, bes. S. 376 ff.; Gewerkschaftliche Monatshefte 41 (1990) 12, Dokumentation »Der Prozeß der gewerkschaftlichen Einheit«, S. 785–807. Vgl. außerdem Hans-Peter Müller/Manfred Wilke: Zwischen Solidarität und Eigennutz. Die Gewerkschaften des DGB im deutschen Vereinigungsprozeß, Melle 1991.

nen ist vor allem das Projekt »Spurensicherung« von Michael Fichter und Maria Kurbjuhn aus den Jahren 1991 bis 1993, in dessen Rahmen neben der Sammlung von Dokumenten insgesamt 50 Interviews geführt wurden, die methodisch allerdings nicht lebensgeschichtlich angelegt waren.[5] Schon 1990 hat Hans-Hermann Hertle eine Reihe von Interviews veröffentlicht, die er mit damaligen Gewerkschaftsfunktionären vor allem aus dem noch bestehenden FDGB geführt hat.[6] Zwar mehrheitlich nicht auf Interviews beruhend, vermittelt der Sammelband »Auferstehen aus Ruinen – Arbeitswelt und Gewerkschaften in der früheren DDR«, dessen Beiträge zwischen Oktober und Dezember 1990 entstanden, ein zeitnahes und breites Spektrum an Selbsterfahrungen.[7]

Die für den gewerkschaftlichen Neuordnungsprozess wichtige betriebliche Ebene ist nur in einigen wenigen, teils dokumentarischen Veröffentlichungen behandelt worden.[8] Auch zum Verhältnis zwischen Bürgerbewegungen und Gewerkschaften bzw. der Betriebsebene liegen allenfalls Ansätze vor.[9] Die im Oktober/November 1989 entstandene »Initiative für unabhängige Gewerkschaften« (IUG) ist dabei vergleichsweise gut erforscht.[10]

5 Vgl. Michael Fichter/Maria Kurbjuhn: Spurensicherung. Der DGB und seine Gewerkschaften in den neuen Bundesländern 1989–1991. Ergebnisse eines Dokumentationsprojektes (= Hans-Böckler-Stiftung, Manuskripte 120) Düsseldorf 1993.

6 Siehe u. a. Hans-Hermann Hertle: »Wir werden uns nicht unter Wert verkaufen!« Interview mit Helga Mausch, Vorsitzende des FDGB, über den Versuch, den FDGB vom Kopf auf die Füße zu stellen; Berlin, 26.3.1990, Berlin 1990 (= Berliner Arbeitshefte und Berichte zur sozialwissenschaftlichen Forschung 29); ders.: »Wir müssen jetzt von der Basis aus handeln!« Interview mit Peter Pischner, Vorsitzender des Betriebsgewerkschaftsrates der IG Metall im VEB Kabelwerk Oberspree »Wilhelm Pieck« (KWO), Berlin 1990 (= Berliner Arbeitshefte und Berichte zur sozialwissenschaftlichen Forschung 46); als zeitgenössische Wortmeldung eines Beteiligten aus dem Bereich des DGB siehe auch Peter Seideneck: Die soziale Einheit gestalten: Über die Schwierigkeiten des Aufbaus gesamtdeutscher Gewerkschaften, in: Aus Politik und Zeitgeschichte 41 (1991) 13, S. 3–11.

7 Vgl. Ditmar Gatzmaga/Thomas Voß/Klaus Westermann (Hrsg.): Auferstehen aus Ruinen. Arbeitswelt und Gewerkschaften in der früheren DDR, Marburg 1991.

8 Vgl. Bernd Gehrke/Renate Hürtgen (Hrsg.): Der betriebliche Aufbruch im Herbst 1989. Die unbekannte Seite der DDR-Revolution, Berlin 2001; Renate Hürtgen: »Die Erfahrung laß ick mir nicht nehmen!« Demokratieversuche der Belegschaften in den DDR-Betrieben zwischen Oktober 1989 und Januar 1990, in: Bernd Gehrke (Hrsg.): … das war doch nicht unsere Alternative: DDR-Opposition zehn Jahre nach der Wende, Münster 1999, S. 200–221; zu betrieblichen Aktivitäten siehe auch Jörg Rösler: Die kurze Zeit der Wirtschaftsdemokratie. Zur »Revolution von unten« in Kombinaten und Betrieben der DDR während des 1. Halbjahres 1990, Berlin 2005. Zur Bedeutung der Betriebe in der »Wende«-Zeit vgl. auch Renate Hürtgen: Die »Wende« in den Betrieben der DDR im Herbst 1989 – ein unbekanntes Terrain, in: Potsdamer Bulletin für Zeithistorische Studien, Nr. 23/24, Oktober 2001, S. 41–47.

9 Vgl. Wilfried Wilkens-Friedrich: Die Beziehungen zwischen Neuem Forum und Gewerkschaften am Beispiel Berlin. Eine Fallstudie zum Spannungsverhältnis von neuen und alten sozialen Bewegungen (Freie Universität Berlin, Zentralinstitut für Sozialwissenschaftliche Forschung, 1994).

10 Vgl. Leonore Ansorg/Renate Hürtgen: »Aber jetzt gibt es initiative Leute und die müßte man eigentlich alle an einen Tisch bringen«. Die »Initiative für unabhängige Gewerkschaften« (IUG) 1989–1990. Darstellung und Dokumente, (= Berliner Arbeitshefte und Berichte zur sozialwissenschaftlichen Forschung Nr. 73, Berlin, Juli 1992); siehe auch Martin Jander: Formierung und Krise der DDR-Opposition: Die

Christoph Kleßmann stellte 2009 fest, dass die territoriale Vereinigung zweifellos gelungen sei, auch die »Ruinenlandschaften« seien weitestgehend verschwunden, »aber nicht die Erfahrungen aus zwei unterschiedlichen, oft antagonistischen Gesellschaften«.[11] Diese Erfahrungen prägen über Generationen hinweg den Blick auf die Vergangenheit. Umso entscheidender ist es, Erfahrungen mit Oral-History-Methoden wie dem lebensgeschichtlichen Interview als Quelle zu »erfassen« und sie so für eine wissenschaftliche Auswertung bereitzustellen. Lutz Niethammer, Alexander von Plato und Dorothee Wierling haben als erste westdeutsche Forschergruppe 1987 in der DDR lebensgeschichtliche Interviews geführt. Mit dem Band »Die volkseigene Erfahrung«[12] präsentierten sie 1991 30 aus diesem Projekt hervorgegangene »biographische Eröffnungen« und damit eine »Vielfalt des Alltags« und Differenzierungen, die, so von Platos kritische Bestandsaufnahme im Jahre 2010, gegenwärtig »einem deutlich gröberen Blick auf die DDR gewichen« seien.[13] Die Bedeutung erinnerungs- und erfahrungsgeschichtlicher Ansätze für die historische Erforschung der DDR wird zunehmend hervorgehoben,[14] und besonders die demokratische Revolution 1989/90 ist Thema zahlreicher Zeitzeugenpublikationen.[15] Für den gewerkschaftlichen Bereich liegen konkrete Ansätze lebens- und erfahrungsgeschichtlicher Studien für den Untersuchungszeitraum ab 1989/90 jedoch kaum vor. Renate Hürtgens Studie zu Vertrauensleuten des FDGB im DDR-Betrieb basiert zwar zu einem Teil auf lebensgeschichtlich angelegten Interviews, behandelt jedoch nur in einem abschließenden Kapitel die Endphase der DDR ab Herbst 1989.[16] Die Publikation und Dokumentation Manfred Scharrers zum Aufbau einer »freien Gewerkschaft« in der DDR (der ÖTV) 1989/90 gründet ebenfalls auf Interviews mit gewerkschaftlichen Akteuren der

»Initiative für unabhängige Gewerkschaften« – Dissidenten zwischen Demokratie und Romantik, Berlin 1996.

11 Christoph Kleßmann: »Deutschland einig Vaterland«? Politische und gesellschaftliche Verwerfungen im Prozess der deutschen Vereinigung, in: Zeithistorische Forschungen/Studies in Contemporary History, Online Ausgabe, 6 (2009) H.1, unter: http://www.zeithistorische-forschungen.de/16126041-Klessmann-1-2009, letzter Zugriff am 9.9.2014.

12 Lutz Niethammer, Alexander von Plato, Dorothee Wierling: Die volkseigene Erfahrung. Eine Archäologie des Lebens in der Industrieprovinz der DDR. 30 biographische Eröffnungen, Berlin 1991.

13 Siehe Tagungsbericht Deutsche Zeitgeschichte zwischen Ost und West. 17.03.2010, Hamburg, in: H-Soz-u-Kult, 21.04.2010, http://hsozkult.geschichte.hu-berlin.de/tagungsberichte/id=3080, letzter Zugriff 25.8.2014.

14 Siehe Dorothee Wierling: Geboren im Jahr Eins. Der Jahrgang 1949 in der DDR. Versuch einer Kollektivbiographie, Berlin 2002; vgl. außerdem Mary Fulbrook: Ein ganz normales Leben. Alltag und Gesellschaft in der DDR (aus dem Englischen v. Karl Nicolai), Darmstadt 2008, S. 18f.; Julia Obertreis/Anke Stephan (Hrsg.): Erinnerungen nach der Wende/Remembering after the Fall of Communism. Oral History und (post-)sozialistische Gesellschaften/Oral History and (Post-)Socialist Societies, Essen 2009, S. 9 und 16.

15 Siehe unter vielen Andreas H. Apelt (Hrsg.): Aufbrüche und Umbrüche. 20 Jahre deutsche Einheit. Zeitzeugen ziehen Bilanz, Halle (Saale) 2010; ders. (Hrsg.): Mein Herbst '89. Zeitzeugen berichten, Berlin 2010; Dirk Mellies/Frank Möller (Hrsg.): Greifswald 1989. Zeitzeugen erinnern sich, Marburg 2009.

16 Vgl. Renate Hürtgen: Zwischen Disziplinierung und Partizipation. Vertrauensleute des FDGB im DDR-Betrieb, Köln u.a. 2005.

Zeit, bezieht jedoch mehrheitlich westdeutsche Gesprächspartnerinnen und -partner ein und erfüllt wissenschaftliche Standards im Bereich der dokumentierten Interviews nur mit Abstrichen.[17]

Die Alles in Allem begrenzten Forschungsergebnisse zur gewerkschaftlichen Neuordnung und zur Rolle im Einheits- und anschließenden Transformationsprozess haben wenig Eingang in die allgemeine Forschungsliteratur gefunden.[18] Selbst eine aktuelle Veröffentlichung, die sich konkret mit der Rolle »des Arbeiters« in der Friedlichen Revolution befasst, nimmt die vorliegenden Ergebnisse wenn überhaupt nur selektiv wahr. So versucht Ilko-Sascha Kowalczuk in seinem Essay zur Rolle »der Arbeiter« in der Revolution von 1989/90 nicht jene Potenziale des Aufbruchs, der Reform und des Neuanfangs in den Betrieben und den diversen Gewerkschaftsebenen auszuloten, sondern setzt im Grunde das gängige Narrativ fort, das »dem Arbeiter« (und natürlich auch »der Arbeiterin«) in der Revolution allenfalls eine Rolle als »Revolutionsvolk« zuweist. Die Feststellung, dass die diversen Bürgerbewegungen kein Hort der Arbeiterbewegung, sondern Domänen von Theologen und nach westlichem Verständnis »Bildungsbürgern« und Intellektuellen waren, ist dabei unbestritten. Doch die betrieblichen Initiativen mit dem Hinweis auf die Hoch- und Fachschulausbildung der Initiatoren als nicht von Arbeitern initiiert zu bezeichnen, ignoriert nicht nur die veränderte Qualifizierungsstruktur in der DDR-Arbeitswelt, sondern folgt auch einem völlig überholten Begriff »des Arbeiters«. Die fast komplette Nichtbeachtung der gewerkschaftlichen Entwicklung ist ein weiteres Manko dieser Bestandsaufnahme.[19] Diese derzeit neueste Publikation zum Thema unterstreicht mit Nachdruck, wie wichtig die Erforschung des gewerkschaftlichen Neuordnungsprozesses im Zeichen von Revolution, Umbruch und Einheit Deutschlands ist.

17 Manfred Scharrer: Der Aufbau einer freien Gewerkschaft in der DDR 1989/90. ÖTV und FDGB-Gewerkschaften im deutschen Einigungsprozess, Berlin 2011. Siehe dazu Detlev Brunner: Rezension von Manfred Scharrer: Der Aufbau einer freien Gewerkschaft in der DDR 1989/90. ÖTV und FDGB-Gewerkschaften im deutschen Einigungsprozess, Berlin 2011, in: sehepunkte 13 (2013) Nr. 2 vom 15.02.2013, unter: http://www.sehepunkte.de/2013/02/21344.html, letzter Aufruf am 9.9.2014.

18 Siehe beispielhaft Andreas Rödder: Deutschland einig Vaterland. Die Geschichte der Wiedervereinigung, München 2009; Klaus-Dietmar Henke (Hrsg.): Revolution und Vereinigung 1989/90. Als in Deutschland die Realität die Phantasie überholte, München 2009; Ilko-Sascha Kowalczuk: Endspiel. Die Revolution von 1989 in der DDR, München 2009. Die Situation in den Volkseigenen Betrieben in der DDR wird in der knapp 600-seitigen Publikation auf etwa vier Seiten behandelt.

19 Vgl. Ilko-Sascha Kowalczuk: Revolution ohne Arbeiter? Die Ereignisse 1989/90, in: Peter Hübner: Arbeit, Arbeiter und Technik in der DDR 1971 bis 1989. Zwischen Fordismus und digitaler Revolution. Mit einem Essay von Ilko-Sascha Kowalczuk über die Arbeiter in der Revolution 1989/90 (= Geschichte der Arbeiter und der Arbeiterbewegung in Deutschland seit dem Ende des 18. Jahrhundert, Bd. 15, hrsg. v. Gerhard A. Ritter), Bonn 2014, S. 537–610; zur kritischen Würdigung siehe die Rezension Renate Hürtgens in: Archiv für Sozialgeschichte (online) 54, 2014, unter: http://www.fes.de/cgi-bin/afs.cgi?id=81559, letzter Zugriff am 15.5.2014.

Methodische und quellenkritische Anmerkungen

Lebensgeschichtlich angelegte Interviews eröffnen den Horizont menschlicher Erfahrungen, individuellen wie kollektiven Verhaltens in alltäglichen Abläufen ebenso wie in herausragenden Ereigniszeiträumen. Die im Projekt angewandte Methode bietet gerade für die Untersuchung historischer Zäsuren wie dem Umbruch 1989/90 den Vorteil, dass im freien Redefluss, aufgrund der notwendigen Darstellung von Zusammenhängen oder Details, Sachverhalte wiedergegeben werden, die schriftlich von den Interviewten nie so fixiert worden wären.[20] Denn damalige Einstellungen werden möglicherweise heute von den Zeitzeugen nicht mehr ohne Weiteres vertreten, unterliegen einem Legitimierungsanspruch oder werden lieber verschwiegen.

Die klassische Form des narrativen Interviews ohne Interviewleitfaden wurde bereits in den 1970er Jahren von Fritz Schütze entwickelt und stellt heute eine Standardmethode für unterschiedlichste Wissenschaftsdisziplinen dar.[21] Sie bietet einen hohen Grad an Hörerorientierung und einen niedrigen Grad an Fremdstrukturierung. Das lebensgeschichtliche Erinnerungsinterview beginnt in der Regel mit einer offenen Erzählaufforderung, an die eine Spontan- oder Stehgreiferzählung des/der Interviewten anschließt. Die Erzählung wird nicht durch Nachfragen unterbrochen. Nach dem Ende der offenen Erzählung erfolgt der Übergang zum Nachfrageteil auf Basis des Erzählten. Entscheidend bei dieser Interviewform ist das Zustandekommen einer Stegreiferzählung, das heißt, der oder die Befragte sollen sich nicht im Vorhinein auf die Form des Interviews oder Fragen vorbereiten können. Auf diese Weise können vorgefertigte Antworten vermieden werden, um dem Ziel der Methode, authentisches, wenig verzerrtes Material zu erhalten, gerecht zu werden. Dieses Verfahren lässt sich allerdings nicht immer praktisch umsetzen. In Abhängigkeit von den Bedürfnissen und dem Befinden des Gesprächspartners sind deshalb durchaus Vorinformationen angebracht und notwendig.

Für das Projekt wurde die Standardmethode angepasst und ergänzt, sodass nun von biografisch narrativen Interviews mit thematischer Fokussierung gesprochen werden kann. Diese gliedern sich in einen allgemeinen Gesprächsteil, in dem die freie lebensgeschichtlich-narrative Beschreibung (Herkunft, Familie, Ausbildung, Beruf) unter besonderer Berücksichtigung der Zeit des Umbruchs 1989/90 und des Neuaufbaus der Gewerkschaften in den neuen Bundesländern stattfindet, sowie in einen leitfadengestütz-

20 Zu den Zugzwängen des Erzählens vgl. Werner Kallmeyer/Fritz Schütze: Zur Konstitution von Kommunikationsschemata der Sachverhaltsdarstellung, in: Dirk Wegner: Gesprächsanalysen. Vorträge, gehalten anläßlich des 5. Kolloquiums des Instituts für Kommunikationsforschung und Phonetik, Bonn, 14.–16. Oktober 1976 (= Forschungsberichte des Instituts für Kommunikationsforschung und Phonetik, Bd. 65), Hamburg 1977, S. 159–274, hier S. 162.

21 Kallmeyer, Kommunikationsschemata (1977); Fritz Schütze: Die Technik des narrativen Interviews in Interaktionsfeldstudien – dargestellt an einem Projekt zur Erforschung von kommunalen Machtstrukturen (= Universität Bielefeld, Fakultät für Soziologie (Hrsg.): Arbeitsberichte und Forschungsmaterialien, Nr. 1, Bielefeld 1977).

ten Nachfrageteil, in dem einerseits freie Nachfragen zur Lebensgeschichte und andererseits am Leitfaden orientierte Fragen zu den thematischen Schwerpunkten erfolgen. Dieses Vorgehen bietet die Möglichkeit der Sinnkonstruktion, ohne aber die thematische Fokussierung aus den Augen zu verlieren. Außerdem kann der Interviewer durch gezielte Nachfragen die Zeitzeugin oder den Zeitzeugen beim »Prozeß des Wiederauffindens unterstütz(en)« [22]. In diesem Prozess ist es von Vorteil, eine Dialogsituation zu schaffen, um gegenüber dem Gesprächspartner ein vertrautes Verhältnis herzustellen, die Situation eines Verhöres zu vermeiden und Grenzen der Erinnerung, ob bewusst oder unbewusst gesetzt, zu überwinden.

Subjektive Quellen, wie sie mit der beschriebenen Methode erhoben werden können, haben nach einstmals kontroversen Auseinandersetzungen über ihre Aussagekraft einen festen Platz im Quellenreservoir der Geschichtswissenschaft errungen. Die im Moment der Befragung/Aufnahme und im Zusammenhang mit einer Forschungsfrage produzierte Aufzeichnung stellt einen besonderen Quellentypus dar, den Gerhard Botz als die »forschungsproduzierte Quelle« im Gegensatz zu der vom historischen Prozess selbst produzierten Quelle (Briefe, Verwaltungsakte) bezeichnet.[23]

Wie andere Quellengruppen auch bedürfen Erinnerungsinterviews einer kritischen Prüfung, insbesondere weil sie ein kooperatives Produkt sind, das durch die historischen Perspektiven beider Interviewpartner geprägt ist. Zeitzeugengespräche entstehen schließlich durch den aktiven Eingriff des Historikers und enthalten zwangsläufig eine historische Vorstrukturierung, Selektion und Interpretation, von der selektiven Erinnerung des Zeitzeugen ganz abgesehen. Weiterhin ist zu beachten, dass es sich um sehr persönliche Lebenswegkonstruktionen handelt, die Vergangenes in der Gegenwart mit allen gegenwartskulturellen Implikationen und Stereotypen reflektieren.[24] Das heißt, sie bilden nicht direkt die durchlebte Vergangenheit ab, sondern geben Aufschluss über Verarbeitungsstrategien und Sinnbildung. Damit gewinnen sie erhebliches Gewicht beim Zusammenhang zwischen gesellschaftlich-historischem Diskurs und gesellschaftlicher Identitätsbildung. Ihr Wert liegt folglich in der Subjektivität.

22 Niethammer, Die volkseigene Erfahrung (1991), S. 27 ff.

23 Gerhard Botz: Oral History – Wert, Probleme, Möglichkeiten der mündlichen Geschichte, in: ders./Josef Weidenholzer (Hrsg.): Mündliche Geschichte und Arbeiterbewegung. Eine Einführung in Arbeitsweisen und Themenbereiche der Geschichte »geschichtsloser« Sozialgruppen (= Materialien zur Historischen Sozialwissenschaft 2), Wien, Köln 1984, S. 31.

24 Vgl. Niethammer, Die volkseigene Erfahrung (1991), S. 27.

Die Zeitzeuginnen und Zeitzeugen

Im Zeitraum vom August 2012 bis August 2013 fanden mit folgenden Zeitzeuginnen und Zeitzeugen Gespräche statt:[25] Sieglinde Merbitz (IG Metall), Wolfgang Weber (IG Bergbau und Energie/IG BE), Günter Petzsch (IG Chemie-Papier–Keramik/IG CPK), Thomas Arnold (IG Metall), Jutta Schmidt (Gewerkschaft Öffentliche Dienste, Transport und Verkehr/ÖTV), Joachim Töppel (IG Metall), Peter Witte (IG BE), Peter Praikow (Deutsche Postgewerkschaft), Regina Klefler (IG Bau-Steine-Erden/IG BSE), Renate Hürtgen (Initiative für unabhängige Gewerkschaften), Peter Schulze (IG BSE), Gerhard Weise (IG BSE), Dieter Walter (Betriebsrat/IG Metall), Eva-Maria Stange (Gewerkschaft Erziehung und Wissenschaft/GEW) und Jan Lautenbach (Hochschule der Gewerkschaften »Fritz Heckert«). Der Kreis der Befragten gehört zu den Geburtsjahrgängen zwischen 1939 und 1962. Fünf von Ihnen erlebten als Kinder bereits die Teilung Deutschlands und die Gründung der DDR, eine deutliche Mehrheit (80 Prozent) als Jugendliche und junge Erwachsene die Zeit vor dem Mauerbau 1961. Der Schwerpunkt nach Geburtsjahrgängen liegt mit sieben Personen im Zeitraum von 1950 bis 1961. Im »Wendejahr« 1989 lag der Altersdurchschnitt bei 39 Jahren, sodass zwar alle Interviewten ihre soziale Prägung in der DDR erfahren haben, aber auch ein großer, beruflich aktiver Lebensabschnitt in einem neuen Gesellschaftssystem bevorstand, der zum Interviewzeitpunkt, gut zwei Jahrzehnte nach der deutschen Wiedervereinigung, neue gesellschaftliche Prägungen erkennen lässt und eine differenzierte Sichtweise zeigt.

Die soziale Herkunft stellte kein Auswahlkriterium dar. Feststellen lässt sich jedoch, dass lediglich ein Zeitzeuge aus einem akademisch vorgeprägten Elternhaus stammt. Neun Interviewte gaben an, aus einer Arbeiterfamilie[26] zu stammen, fünf nannten als Herkunft einen Handwerker- oder Angestelltenhaushalt. Das spätere gewerkschaftliche Engagement kann bei der Mehrheit der Zeitzeuginnen und Zeitzeugen auch auf die familiären Vorprägungen und einfachen Lebensverhältnisse während ihrer Kindheit und Jugend zurückgeführt werden.

Bei der Betrachtung der Ausbildungswege lässt sich ein für die DDR-Bildungspolitik typisches Bild der Förderung von Arbeiterkindern konstatieren, zu diesen zählen nämlich vier der zusammen sechs Personen, die die Hochschulreife erlangt haben. Die beiden weiteren Zeitzeugen haben das Abitur über den Weg der parallelen Berufsausbildung erworben. Wer nicht zum bildungspolitisch privilegierten Personenkreis in der DDR gehörte, konnte durch die eigene berufliche Tätigkeit in der »Produktion« zu die-

25 Da sich im Neuordnungsprozess der Gewerkschaften 1990 zahlreiche Änderungen von Organisationsnamen ergaben, wurde die Gewerkschaftszugehörigkeit ab 1991 angegeben. Bei Renate Hürtgen, Jan Lautenbach und Dieter Walther bezieht sich die Angabe auf die Funktion im Zeitraum 1989/90.

26 Die Herkunft aus der Arbeiterschaft war, wie der Begriff »des Arbeiters« selbst in der DDR ideologisch überfrachtet – dahinter verbarg sich ein heterogenes Feld, das sich mit der zunehmenden Ausdifferenzierung der Arbeitswelt erweiterte.

sem Status gelangen. Eine Berufsausbildung haben elf Personen absolviert, von denen sich sechs berufsbegleitend weiterqualifiziert und einen Fach- oder Hochschulabschluss erworben haben. Zusammen können sieben Interviewpartnerinnen und -partner einen Hochschulabschluss vorweisen, davon sechs aus einem Arbeiterhaushalt. Zu Letzterem zählen ebenso zwei der drei Promovierten.

Die Rückschau auf die unmittelbar vor dem Herbst 1989 ausgeübten gewerkschaftlichen Funktionen der Interviewten in der DDR ergibt ein unerwartetes, gleichwohl nachvollziehbares Ergebnis. Zwar waren alle Interviewten Mitglieder im FDGB, in erster Linie um die sozialen Leistungen (Sozialversicherung, Ferienwesen, Wohnraumverteilung etc.) dieser größten Massenorganisation des SED-Staates in Anspruch nehmen zu können, aber sieben Personen haben in dieser Zeit weder ehren- noch hauptamtliche Funktionen im Rahmen des FDGB ausgeübt, lediglich zwei haben sich rein ehrenamtlich (Vertrauensmann, Abteilungsgewerkschaftsleitung/AGL) engagiert. Sechs der Befragten waren hauptamtlich tätig, davon vier auf betrieblicher Ebene (Betriebsgewerkschaftsleitung/BGL, Kombinatsgewerkschaftsleitung/KGL). Die Umwälzungen seit dem Herbst 1989 stellten also auch einen gewerkschaftlichen Aufbruch dar, weil nun die im Rahmen der starren FDGB-Strukturen eher passiven oder von diesen enttäuschten, aber durchaus gewerkschaftlich interessierten Kolleginnen und Kollegen einen Gestaltungsraum für ihr Engagement sahen und nutzten. Bis auf zwei Personen haben alle in den dann gesamtdeutschen Gewerkschaften Funktionen übernommen, mehrheitlich auf Kreis- bzw. Bezirksebene, fünf der Befragten letztlich auch auf Bundesebene.

Ergebnisskizze

Das dieser Publikation zugrunde liegende Projekt zielte in erster Linie auf die Dokumentation gewerkschaftlicher Erinnerungen. Ein Blick in die Videos und in die transkribierten Interviews zeigt eine enorme thematische Vielfalt. Es eröffnet sich eine durch die zwischenzeitlich erlebten Jahrzehnte zweifellos gefilterte Wahrnehmung einer historischen Phase, die auch in der gewerkschaftlichen Geschichte eine tiefgreifende Zäsur darstellt. Gerade der persönliche, subjektive Charakter der Quellen ermöglicht einen sinnlich wahrnehmbaren Zugang zur Historie. Die folgende Skizze präsentiert einige Ergebnisse, die angesichts des referierten Forschungsstandes neue Akzente setzen. Der Anspruch einer umfassenden Analyse kann und soll dabei nicht erhoben werden. Angesichts des hohen Quellenwerts des Materials soll jedoch ein Anreiz zur weiteren Auswertung gegeben werden.

Prägungen

Die bereits angesprochene Prägung durch die DDR ist angesichts des Auswahlkriteriums bei den Interviewpartnerinnen und -partnern selbstverständlich. Doch welcher Art war diese Prägung? Hier ergibt sich eine Bandbreite, die von überzeugter Loyalität bis zu kritischer und bewusster Distanz zum System der DDR reicht. Die Aussage, nie gegängelt worden zu sein, alles freiwillig, einschließlich FDJ- und SED-Mitgliedschaft getan zu haben, ist eine Erinnerung.[27] Eine andere Erinnerung ist, aus dem Elternhaus geflogen zu sein, weil nach der Schlosserlehre der Wunsch geäußert wurde Theologie zu studieren.[28] Dazwischen gibt es eine große Varianz, die vor allem eines zeigt: Die Diktatur der DDR wurde in ihrer Realität individuell sehr unterschiedlich erfahren. Das gilt auch für das SED-Mitglied, dessen Westverwandtschaft trotz seiner grundsätzlichen Systemloyalität zum Grund politischer Maßregelung und Zurücksetzung geriet.[29] Jenseits der politischen Sphäre lassen sich vielfältige Spuren von Alltagsprägungen entdecken. Dies gilt etwa für den Umgang mit der ab 1. Juli 1990 in der DDR als offizielle Währung eingeführten D-Mark. Die Hemmung, diese in der DDR so wertvolle Währung für die Bezahlung von Waren des täglichen Bedarfs auszugeben, schildert Sieglinde Merbitz mit dem Gefühl, die D-Mark sei » einfach nicht ausgebbar, irgendwie«[30] – eine Erzählung, die die gängige Variante, möglichst schnell an Westgeld zu gelangen, um es auch auszugeben, kontras-

27 Transkript Klefler, S. 14; siehe Dokumentation, S. 45.
28 Transkript Walther, S. 1.
29 Transkript Witte, S. 4 f.; siehe Dokumentation, S. 48 f.
30 Transkript Merbitz, S. 33; siehe Dokumentation, S. 66.

tiert. Obwohl dies nicht Thema der Gespräche war, lassen sich auch geschlechtsspezifische Prägungselemente entdecken, die trotz allem politischen Anspruch auch in der DDR zur Realität gehörten. Dazu zählt das Beispiel von der Aufgabe der Arbeitsstelle, weil kein Krippenplatz für das Kind vorhanden war, oder das Verschieben des Studiums wegen einer Schwangerschaft.[31] Gleichwohl lassen sich in den Interviews Hinweise auf ein Selbstverständnis von Frauen finden, das sich auch in männerdominierten Bereichen deutlich von den westdeutschen Gegebenheiten unterschied. So fanden es die durchweg männlichen Kollegen von der IG Bau-Steine-Erden reichlich ungewöhnlich, dass Regina Klefler zur Geschäftsstellenleiterin der IG Bau-Holz gewählt wurde. In der IG BSE gab es keine Frau in einer derartigen Position.[32] Als mit Eva-Maria Stange die erste ostdeutsche Frau den Vorsitz einer DGB-Mitgliedsgewerkschaft, der Gewerkschaft Erziehung und Wissenschaft, übernahm, wurde dies in der Öffentlichkeit als kleine Sensation wahrgenommen.[33] Auf dem ersten gesamtdeutschen Kongress der IG Bergbau und Energie wurde mit der ostdeutschen Gabriele Glaubrecht die erste Frau in den Vorstand dieser Gewerkschaft gewählt.[34]

Die in der DDR lebenden Generationen hatten verschiedene Prägungen erfahren. Es war ein Unterschied, ob der Nachkriegsalltag und die Aufbauphase der 1950er Jahre bewusst erlebt worden waren, das ungeteilte Deutschland zumindest potenziell noch eine Erfahrung sein konnte oder ob die mit dem Mauerbau verfestigte Teilung bereits eine alltägliche Realität darstellte.[35] Es ist anzunehmen, dass die unterschiedlichen Prägungen auch die Erfahrungen der Revolution und der Einheit 1989/90 beeinflussten. Dies gilt auch für den gewerkschaftlichen Bereich. Die hier zugrunde liegenden Interviews geben zu dieser Frage allenfalls ansatzweise Auskunft. Der Jüngste der Befragten, Thomas Arnold (Jahrgang 1962), hatte seinen Militärdienst bei den Grenztruppen der DDR abgeleistet. Dieser Dienst am sogenannten »antifaschistischen Schutzwall« habe dazu geführt, dass er sich nur schwer vorstellen konnte, dass die Teilung einmal nicht mehr bestehen könnte.[36] Insgesamt ist die Anzahl der Interwies zu begrenzt, um zu empirisch einigermaßen validen Aussagen kommen zu können.

31 Transkripte Merbitz, S. 2 und Klefler, S. 1.
32 Transkript Klefler, S. 10.
33 Transkript Stange, S. 32 f.
34 Transkript Witte, S. 21.
35 Zur Generationenprägung siehe u. a. Dorothee Wierling: Geboren im Jahr Eins. Der Jahrgang 1949 in der DDR. Versuch einer Kollektivbiographie, Berlin 2002.
36 Transkript Arnold, S. 9 f., siehe Dokumentation, S. 71.

Gewerkschaftsarbeit in der DDR

Im Zusammenhang mit den genannten Prägungen stehen Einschätzungen der Gewerkschaftsarbeit zu DDR-Zeiten. In der Beurteilung, der FDGB und seine Industriegewerkschaften und Gewerkschaften seien keine wirksame Interessenvertretung im gewerkschaftlichen Sinne gewesen, besteht Übereinstimmung. Gewerkschaftsarbeit als »Selbstzweck«, als »Schmoren im eigenen Saft«, als »unterm Strich vertane Zeit«, so das Fazit von Sieglinde Merbitz, bis 1989 Mitarbeiterin im FDGB-Kreis- bzw. Bezirksvorstand Leipzig.[37] Die Interviewpartner und -partnerinnen, die bereits vor der »Wende« gewerkschaftliche Funktionen ausgeübt hatten, sehen jedoch Handlungsspielräume der gewerkschaftlichen Organe auf der Betriebsebene. Gerade hier hätten »Zwangspotenziale« bestanden, so Peter Schulze für den Bereich des Baugewerbes.[38] Peter Witte beschreibt dies eher negativ – als Begrenzung der Gewerkschaftsarbeit auf die betriebliche Ebene.[39] Tatsächlich erscheint der Betrieb als zentraler Erfahrungsraum, auch was gewerkschaftliche Interessenvertretung in den Grenzen der DDR betraf. Die Industriegewerkschaften und Gewerkschaften waren als solche kaum präsent und erfahrbar und der FDGB war als zentrale Organisation für Bereiche der allgemeinen Lebensgestaltung zuständig. Dies war einer der Gründe, warum betriebliche Aktivitäten für den Aufbruch und Erneuerungsprozess der Gewerkschaften in der DDR so wesentlich waren.

Revolution und Umbruch

Der revolutionäre Umbruch und das Ende der Diktatur in der DDR bedeuteten für die Gesprächspartnerinnen und -partner, wie für die große Mehrheit der DDR-Bevölkerung, eine Zäsur, in politischer, aber auch in privater Hinsicht. Die eingangs zitierten Beschreibungen des Umbrucherlebnisses stehen für positive Einschätzungen, die in der Rückschau im Grunde auch von allen Interviewten geteilt werden. Der DDR »nachzuweinen« kommt niemandem in den Sinn.[40] Die Diskussionen auf der Straße, an »Runden Tischen«, in den Betrieben, die Erfahrung sich äußern zu können, für demokratische Forderungen zu demonstrieren und dabei auch etwas erreichen zu können, all dies wirkte befreiend und wurde als Chance für einen Neubeginn wahrgenommen. Doch neben dieser Aufbruchsstimmung werden auch Gefühle der Unsicherheit erinnert, welche Richtung die Entwicklung nehmen und wie es weitergehen werde.[41]

37 Transkript Merbitz, S. 38 f., siehe Dokumentation, S. 55.
38 Transkript Schulze, S. 37 ff., siehe Dokumentation, S. 51.
39 Transkript Witte, S. 58 ff., siehe Dokumentation, S. 55 f.
40 Siehe stellvertretend Transkript Weise, S. 20, siehe Dokumentation, S. 61.
41 Transkript Stange, S. 12 f., siehe Dokumentation, S. 59 f.; Transkript Merbitz, S. 8, siehe Dokumentation, S. 65.

Die in den Interviews für bestimmte Aktivitäten und Haltungen nicht immer exakt bestimmbaren Zeiträume spielen für die rasante Entwicklung seit September 1989 eine wichtige Rolle. Die Montagsdemonstrationen als symbolhafter Ausdruck der Demokratiebewegung waren im September 1989 noch die Sache einiger Tausend Beteiligter. Erst im Zusammenhang mit den Protesten anlässlich der 40-Jahrfeier der DDR zum 7. Oktober und mit der friedlich, d.h. ohne staatliche Gewalt verlaufenden Leipziger Montagsdemonstration vom 9. Oktober 1989 schwoll die revolutionäre Bewegung zu einer Massenbewegung an.

Erste Anstöße zu einer Reform der Gewerkschaften sind für die Zeit vom Ende September bis Mitte Oktober 1989 belegt.[42] All diese Aktivitäten vollzogen sich auf der Betriebsebene. Auch die Interviewpartnerinnen und -partner, die sich der Demokratiebewegung anschlossen, waren gewerkschaftlich auf der Betriebsebene aktiv und begriffen den revolutionären Prozess als Chance zur Veränderung. Dies gilt für Thomas Arnold, der mit weiteren Kollegen ab September 1989 an den Leipziger Montagsdemonstrationen teilnahm. Von diesen Demonstrationen mitgebrachte Flugblätter und Aufrufe – u.a. des »Neuen Forums« und der Sozialdemokratischen Partei der DDR (SDP) – wurden in seinem Betrieb, dem VEB Verlade- und Transportanlagenbau (VTA) in Leipzig (Teil des Kombinats TAKRAF), diskutiert.[43] Arnold wurde in seinem Bereich des Betriebes (Betriebsteil: Institut für Fördertechnik, IFF) im November 1989 zum gewerkschaftlichen Vertrauensmann gewählt und stieg im November 1990 zum Vorsitzenden des Gesamtbetriebsrates bzw. im Februar 1991 des Konzernbetriebsrates von TAKRAF auf – im Alter von 29 Jahren! Auch das waren Karrierewege der »Wende«. Peter Schulze, der in Wernigerode an den Montagsdemonstrationen teilnahm, kam als Vorsitzender einer BGL aus der betrieblichen Ebene, wobei er kritische Anregungen vor allem aus den Reihen seiner Hausgemeinschaft erhielt. Im Bereich seines Betriebes war er einer der ersten, die bereits im Sommer 1989 aus der SED austraten.[44] Vom FDGB hatten die Befragten in dieser Phase kaum etwas wahrgenommen. Dies korrespondiert mit der vielfach festgestellten Lähmung der offiziellen Gewerkschaftsebene.

Sicher wäre es verfehlt, ein Bild zu zeichnen, demzufolge sich die Betriebsebene generell in einem Prozess des Aufbruchs befunden habe. Es gibt auch die Erzählung, dass zwar die politischen Ereignisse im Oktober 1989 wahrgenommen wurden, man auch darüber geredet, aber ansonsten weitergearbeitet habe wie bisher, erst nach der Maueröffnung

42 Es handelt sich um das Flugblatt einer Gewerkschaftsgruppe im Rundfunk- und Fernsehtechnischen Zentrum der DDR vom 29.9.1989, das zu Dialog und öffentlicher kritischer Diskussion aufrief sowie um den »Offenen Brief« von Vertrauensleuten und Mitgliedern der AGL des VEB Bergmann-Borsig an den FDGB-Vorsitzenden Harry Tisch, vom selben Datum, der ebenfalls einen öffentlichen Dialog »über dringend notwendige Veränderungen in allen gesellschaftlichen Bereichen« anmahnte. Am 17.10.1989 rief eine Gruppe im VEB Geräte- und Reglerwerk »Wilhelm Pieck« in Teltow zur Gründung einer FDGB-unabhängigen Gewerkschaft »Reform« auf. Vgl. Fichter/Kurbjuhn (1993), S. 70f.

43 Transkript Arnold, S. 2f., siehe Dokumentation, S. 103.

44 Transkript Schulze, S. 15, siehe Dokumentation, S. 57.

habe sich das geändert.[45] Grundsätzlich ist in Rechnung zu stellen, dass es sich bei der Gruppe der Interviewten um aktive, engagierte Personen handelte. Sie stehen somit nicht als Beispiele für »die Beschäftigten« und auch nicht für »die Gewerkschaftsfunktionäre«. Das Bild einer weitgehend zurückhaltenden, abwartenden Abstinenz der Beschäftigten und der gewerkschaftlichen Funktionäre in den Betrieben gegenüber dem revolutionären Prozess in der DDR erhält gleichwohl durch die erinnerte Geschichte der Interviewpartnerinnen und -partner eine wichtige Korrektur.

Korrekturbedürftig ist auch die gängige Behauptung, zwischen Bürgerbewegungen und Gewerkschaften habe es keine Verbindung im Prozess des Umbruchs gegeben. Sicher, die diversen neuen Gründungen wie Demokratie Jetzt, Demokratischer Aufbruch und auch die Sozialdemokratische Partei waren vornehmlich von Theologen, Intellektuellen und Künstlern geprägt.[46] Auch die größte und heterogene Bürgerbewegung, das »Neue Forum«, hatte »gar keine« Vorstellung von Gewerkschaftsarbeit und deren Reform. Dass dennoch beides ging, gewerkschaftliche Reformarbeit und Engagement im Neuen Forum zu leisten, zeigt Jutta Schmidt.[47] Im Leipziger Bürgerkomitee gab es eigens eine Abteilung Betriebsräte/Gewerkschaften, für die Roland Mey zuständig war, der Mitgründer der örtlichen SDP und enger Kontaktmann der IG Metall (West) im gewerkschaftlichen Neuordnungsprozess.[48] Schließlich steht die »Initiative für unabhängige Gewerkschaften« (IUG) für die Verbindung bürgerbewegten und gewerkschaftlichen Engagements.[49] Dass die IUG keinen Massencharakter entwickelte und im Strudel der Entwicklung, die für die Gewerkschaften bald eine deutliche Westorientierung ausbildete, »unterging«, kann kein Anlass zur marginalisierenden Abwertung ihrer Bedeutung sein.[50] Dieses Schicksal teilte die IUG mit einer Reihe von Vereinigungen, die sich im revolutionären Prozess 1989/90 gebildet hatten.

Unabhängig davon, ob Basisdemokratie zur programmatischen Grundlage erhoben wurde, wie bei der IUG, oder nicht – der basisdemokratische Charakter des gewerkschaftlichen Umbruchprozesses war vor allem in einer ersten Phase bestimmend. In diesem Zeitabschnitt vom September bis November 1989, in der sich die zentralen Apparate der gewerkschaftlichen Organisationen in einer Art Schockstarre befanden oder zumindest in passiv-abwartender Haltung verharrten, waren es Aktivitäten an der Basis – und dies war strukturell bedingt in der DDR in erster Linie der Betrieb –, die Forderungen nach Reform und Demokratie erhoben und in ersten organisatorischen Ansätzen umsetzten.[51]

45 Transkript Klefler, S. 16 und 19, siehe Dokumentation, S. 76.

46 Vgl. Kowalczuk, Revolution ohne Arbeiter, S. 574.

47 Transkript Schmidt, S. 12, siehe Dokumentation, S. 104.

48 Transkript Merbitz, S. 17 f.; vgl. auch http://www.zeitzeugenbuero.de/index.php?id=detail&zzp=299, letzter Zugriff am 19.3.2014, siehe Dokumentation, S. 105 f.

49 Dazu Transkript Hürtgen, passim, siehe Dokumentation, S. 106–110.

50 So vor allem Kowalczuk, Revolution ohne Arbeiter, S. 579.

51 Siehe auch Transkript Witte, S. 7, siehe Dokumentation, S. 86.

9. November 1989

Die Reaktionen auf den Mauerfall am 9. November 1989 werden eher verhalten erinnert. Natürlich wurde die Möglichkeit, in den Westen zu reisen, begrüßt, wie überhaupt die Freiheit zu reisen sich in das Gefühl der Befreiung einfügte. Aber jene spontane Euphorie, die in den Fernsehbildern transportiert wurde und die sich in der Nacht vom 9. auf den 10. November auch real an den Grenzübergängen in Berlin und zur Bundesrepublik erleben ließ, ist in den Interviews nicht auffindbar. Jutta Schmidt und ihr Mann verschliefen das Ereignis, sie waren fast rund um die Uhr aktiv, in ihrem Beruf und anschließend für das Neue Forum. Sie waren am Abend erschöpft.[52] Peter Praikow, Jugendsekretär im Zentralvorstand der IG Transport und Nachrichtenwesen und ab März 1990 Vorsitzender der neu gegründeten Postgewerkschaft in der DDR, nahm das Ereignis »gelassen« auf, weniger mit dem Impuls »gleich rüber« als mit dem Gefühl: Was kommt jetzt?[53] Manche Interviewte wie Gerhard Weise oder Sieglinde Merbitz sahen das Geschehen eher skeptisch, waren von dem »Glitzer und Glimmer« im Westen »geblendet«.[54] Der 9. November 1989, zweifellos ein Symbol für die tiefgreifende Zäsur und das Ende der DDR, wird von den Zeitzeuginnen und Zeitzeugen nicht als jener euphorische Befreiungstag erinnert, als der er in der Erinnerungskultur präsentiert wird. Vor allem wird er nicht im Zusammenhang mit den Zielen der Reformanstrengungen des Herbstes gesehen, die nicht auf eine Einheit Deutschlands, sondern auf eine Reformierung der DDR und konkret der Gewerkschaften gerichtet waren. Insofern stellte der 9. November auch in der gewerkschaftlichen Geschichte der »Wende« eine Zäsur dar. Nun trat die Perspektive einer Einheit Deutschlands und damit einer Einheit der Gewerkschaften deutlicher als zuvor in den Fokus.

Neuordnung und Neuorientierung

Zunächst jedoch vollzog sich ein vielschichtiger und kaum überschaubarer Prozess, in dem betriebliche Initiativen weiter aktiv waren, im Laufe des Dezembers auch Diskussionen in den Industriegewerkschaften und Gewerkschaften stärker einsetzten, die in die Autonomie vom FDGB als zentraler Einheitsorganisation, in Neugründungen und in die faktische Auflösung des FDGB am 9. Mai 1990 mündeten.[55]

52 Transkript Schmidt, S. 14f., siehe Dokumentation, S. 72f.

53 Transkript Praikow, S. 20, siehe Dokumentation, S. 63.

54 Transkript Weise, S. 17f., siehe Dokumentation, S. 61, siehe auch Transkript Merbitz, S. 33, siehe Dokumentation, S. 66.

55 An diesem Tag beschlossen die Vorsitzenden der Einzelgewerkschaften einen Sprecherrat zu bilden, zur Wahrnehmung der übergreifenden Interessenvertretung gegenüber Regierung und DGB, da der Dachverband FDGB dazu nicht mehr in der Lage sei. Siehe den Beschluss vom 9. Mai 1990 in: Ulrich Gill: FDGB. Die DDR-Gewerkschaft von 1945 bis zu ihrer Auflösung 1990, Köln 1991, S. 135f. Die endgültige

In diesen Prozess eingebettet war eine grundlegende Neuorientierung der Gewerkschaftsarbeit. Dabei griffen eigene Überlegungen und das Vorbild der DGB-Gewerkschaften, zu denen ein Teil der Interviewten bald Kontakte aufnahm, ineinander. Auffallend ist ein gewerkschaftliches Verständnis der Interessenvertretung, das trotz der DDR-Sozialisation und einer Gewerkschaftsrealität, die in ihrer Wirksamkeit zumindest als begrenzt, wenn nicht als ineffektiv erfahren wurde, in dieser Umbruchphase sofort abrufbar war. Die Erkenntnis, dass man die Initiative ergreifen müsse, um Interessen und Rechte der Beschäftigten einzufordern und zu bewahren, durchzieht im Grunde alle Erzählungen des interviewten Personenkreises. Beachtlich ist, dass es offenbar ganz selbstverständlich war, an eine Organisationsform anzuknüpfen, die 1948, also noch vor der Gründung der DDR, aus der Interessenvertretung ausgeschaltet worden war: die Betriebsräte. Diese unabhängigen betrieblichen Interessenvertretungen wurden bereits zu einem Zeitpunkt gewählt, als rechtliche Grundlagen in der DDR dazu noch nicht vorhanden waren. Auch hier spielte das basisdemokratische Element die ausschlaggebende Rolle. Thomas Arnold stellte in seinem Betriebsteil, der etwa 500 Beschäftigte umfasste, die Frage, ob anstelle der BGL ein Betriebsrat gewählt werden solle. Zuvor hatte er sich im Januar 1990 bei der IG Metall in der Bundesrepublik mit Informationen u. a. zum Betriebsverfassungsgesetz der Bundesrepublik versorgt. Es fand eine Urabstimmung statt, bei der 95 Prozent der Belegschaft des IFF für einen Betriebsrat votierten, der dann auch gewählt wurde. Dies gab den Startschuss für die Wahl eines Betriebsrates im gesamten Betrieb.[56] Das Beispiel steht stellvertretend für eine Entwicklung, in der Improvisation gefragt war. Dass die Wahlen wegen der zunächst fehlenden rechtlichen Grundlage wiederholt werden mussten, stieß allerdings auch auf Unmut und Unverständnis.[57] Doch wie völlig unterschiedlich diese Betriebsratsneuwahlen erfahren wurden, zeigen die Erzählungen von Dieter Walther und Thomas Arnold. Während Walther die ganze Prozedur als »Veräppelung« erinnert, erfuhr Arnold die zwar organisatorisch aufwendige Neuwahl auch als Chance, als erneute und rechtlich gekräftigte Bestätigung des Mandats durch die Kolleginnen und Kollegen.[58]

Mit dem von Helmut Kohl im Deutschen Bundestag am 28. November 1989 präsentierten Zehn-Punkte-Programm stand die deutsche Einheit auf der politischen Agenda. Wie immer man dies einschätzte und in welchen Schritten dies im Einzelnen erreicht werden sollte – Kohls Programm musste auch für die Gewerkschaften in der DDR und für die vielen Aktiven des Reformprozesses Anlass sein, sich zu positionieren. Wie weit sollte der Neuordnungsprozess der Gewerkschaften in der DDR vorangetrieben werden? Was sollte in die perspektivische Einheit der Gewerkschaften eingebracht werden? Sollte das westdeutsche Modell im Wesentlichen übernommen werden? Ab Ende 1989 kam es

Auflösung erfolgte auf einem außerordentlichen Kongress vom 14. September 1990, siehe Auflösungsbeschluss in: ebd., S. 137 f.

56 Vgl. Transkript Arnold, S. 3, siehe Dokumentation, S. 80 f.

57 Vgl. Transkript Walther, S. 2, siehe Dokumentation, S. 97.

58 Siehe ebd. und Transkript Arnold, S. 24 f.

zu Kooperationsvereinbarungen zwischen den DDR-Industriegewerkschaften und den westdeutschen »Schwester«-Organisationen; eine Reihe von Gewerkschaften formierte sich in der DDR neu oder wurde, wie die Deutsche Postgewerkschaft, die Gewerkschaft der Volkspolizei und andere neu gegründet. Der außerordentliche Kongress des FDGB vom 31. Januar und 1. Februar 1990 war eine Art »letztes Gefecht« des FDGB im Ringen um Machterhalt, das allerdings die Autonomie der Einzelgewerkschaften zur Folge hatte und eine durchaus wichtige Station im Auflösungsprozess des FDGB bildete.[59]

Bei der Frage nach der Neuorientierung der Gewerkschaften und der Rolle der DGB-Gewerkschaften werden in den Gesprächen sehr unterschiedliche Positionen erinnert. Das in der allgemeinen Wahrnehmung der Vereinigung präsente Gefühl, das westliche Modell sei »übergestülpt« worden, wird auch in den Interviews geäußert, ist jedoch nicht dominant.[60] In der Einschätzung, wie sinnvoll der Aufbau DDR-eigener Organisationen angesichts der bevorstehenden Einheit gewesen sei, gehen die Meinungen auseinander. Basisdemokratisch orientierte Reformkräfte aus dem Kreis der IUG setzten auf die gemeinsame Entwicklung neuer Strukturen, nicht auf eine Übernahme des westdeutschen Gewerkschaftsmodells, mit dem sie eine deutliche Einschränkung basisdemokratischer Elemente verbanden.[61] Den Reformprozess aus eigener Kraft vorangetrieben zu haben, um dann letztlich die westlichen Strukturen ohne Abstriche zu übernehmen, brachte Enttäuschung hervor. Peter Schulze erinnert sich, dass im Unterschied zum FDGB in der IG Bau-Holz Reformpotenzial vorhanden gewesen sei. Ergebnis dieser Reformanstrengungen war ein organisatorischer und gewerkschaftlicher Neubeginn, den eine außerordentliche Zentraldelegiertenkonferenz am 10./11. Februar 1990 vollzog. Ein neuer Vorstand wurde gewählt, die Gewerkschaft erklärte sich als eigenständig und politisch autonom, gab sich eine eigene Satzung, was die Eigenständigkeit im Gegensatz zur bisherigen Abhängigkeit vom FDGB unterstrich.[62] Es sei, so Peter Schulze, schon traurig gewesen, dass bereits »kurze Zeit« später, am 22. September 1990, ein weiterer Kongress die Auflösung der Gewerkschaft zum 31. Oktober des Jahres beschlossen habe. Dies war die Voraussetzung für den Übertritt der Mitglieder in die dann gesamtdeutsche IG Bau-Steine-Erden bzw. die Gewerkschaft Holz und Kunststoff. Die diesem Auflösungskongress vorliegenden Anträge, die sich damit befassten, was in die gemeinsame Gewerkschaft eingebracht werden könne, habe der als Gast anwesende, stellvertretende Vorsitzende der IG Bau-Steine-Erden, Bruno Köbele, mit den Worten kommentiert: »Also liebe Kollegen, ihr

59 Einen sehr guten chronologischen Überblick über die dichte Abfolge der Ereignisse bieten Fichter/Kurbjuhn, S. 70–116.

60 Siehe hierzu die Interviewausschnitte im Abschnitt »West-Ost-Erfahrung«.

61 Vgl. Transkript Hürtgen, S. 33 f., siehe Dokumentation, S. 67 f.

62 Zu den Abläufen siehe IG Bauen-Agrar-Umwelt (Hrsg.): Im Rückblick, Bd. 1: Die Industriegewerkschaft Bau in der sowjetischen Besatzungszone 1945 bis 1949. Die Industriegewerkschaft Bau-Holz in der Deutschen Demokratischen Republik 1950 bis 1990, Redaktion: Lothar Lindner/Hermann Hunger, Frankfurt am Main o.J. [1996], S. 175–184 sowie den dokumentarischen Anhang, Anlage 51–58.

könnt sicherlich hier alle solche Anträge stellen, aber ihr tretet der IG Bau-Steine-Erden bei und das entscheiden die Delegierten der IG Bau-Steine-Erde und nicht ihr!«[63] Ein weiterer Dämpfer war die Tatsache, dass die 30 Delegierten der nunmehr aufgelösten IG Bau-Holz auf dem außerordentlichen Kongress der IG Bau-Steine-Erden am 12./13. Oktober 1990 kein Rederecht erhielten. Dieser Kongress beschloss die erforderlichen Übergangsregelungen und Satzungsänderungen zur Ausdehnung des Organisationsgebietes auf die neuen Bundesländer. Nach einer sehr kontroversen Debatte hätten die Delegierten darüber entschieden, ob die Mitglieder der IG Bau-Holz der IG Bau-Steine-Erden beitreten dürften. »Und keiner von uns hatte das Recht da mitzureden.« Dass er dies als bedrückend empfunden habe, betont Peter Schulze dreimal.[64] Knapper, aber nicht weniger deutlich fällt die Erinnerung des Hennigsdorfer Betriebsrates Dieter Walther aus. Die IG Metall sei gekommen, habe nicht nach bisherigen Erfahrungen und Organisationsstrukturen gefragt, sondern »uns einfach übernommen« und »ihre Strukturen durchgesetzt«.[65] Dieser mitunter als arrogant wahrgenommenen Haltung stehen Erzählungen kollegialer Unterstützung gegenüber, die sich in mehreren Interviews finden lassen.[66] Dem Bild einer bloßen Okkupation durch die westdeutschen Gewerkschaften, wie es der Betriebsrat Dieter Walther zeichnet, können andere Erinnerungen zur Seite gestellt werden. Es waren ostdeutsche Gewerkschafter selbst, die den Kontakt zu den Gewerkschaften im DGB suchten, um für deren Unterstützung und Engagement im Osten Deutschlands zu werben. Peter Witte forderte den Vorsitzenden der IG Bergbau und Energie dringlich auf, sich nicht zurückzuhalten, die Gewerkschaft in der DDR brauche die Zusammenarbeit in der Phase des Umbruchs und Neubeginns.[67] Thomas Arnold und Sieglinde Merbitz erinnern aus dem Bereich der Leipziger IG Metall Stimmungslagen in den Belegschaften, die einen Neuordnungsprozess im Rahmen einer IG Metall der DDR für überflüssig hielten, weil ja sowieso bald nur noch eine IG Metall vorhanden sei. Es gab Vorbehalte, der IG Metall/DDR Gewerkschaftsbeiträge zukommen zu lassen; in die als stark wahrgenommene bundesrepublikanische IG Metall wurden angesichts der bevorstehenden Veränderungen im Wirtschaftssystem große Hoffnungen gesetzt.[68] Die »Westorientierung« ging so weit, dass in die Kompetenz der aus der DDR stammenden Gewerkschafterinnen und Gewerkschafter auch nach der Einigung wenig Vertrauen gesetzt wurde, wie Jutta Schmidt berichtet.[69] Dies war das positiv adaptierte Vorurteil vom »Besserwessi«, den es auch in westdeutschen Gewerkschaftskreisen gegeben habe.[70] Zur Unterstützung

63 Transkript Schulze, S. 10, siehe Dokumentation, S. 92.

64 Ebd.

65 Transkript Walther, S. 27, siehe Dokumentation, S. 97.

66 Siehe die Transkripte Merbitz, S. 15, Arnold, S. 21 f. und die Transkripte Klefler, S. 21 f., Petzsch, S. 6, siehe Dokumentation, S. 89 ff.

67 Transkript Witte, S. 13, siehe Dokumentation, S. 98.

68 Transkripte Merbitz, S. 13, Arnold, S. 17 f., siehe Dokumentation, S. 82.

69 Transkript Schmidt, S. 21 f., siehe Dokumentation, S. 101.

70 Ebd.

der ostdeutschen Gewerkschaften hätten »die Besten« aus dem Westen geschickt werden müssen, dies, so die Erinnerung Günter Petzschs aus seinem Erfahrungsbereich der IG Chemie, sei leider nicht der Fall gewesen.[71]

Interessenvertretung und Handlungsspielräume

Der Reform- und Neuordnungsprozess der Gewerkschaften seit Herbst 1989 war wesentlich von der Frage geprägt, welche Strukturen die Interessenvertretung und die gewerkschaftliche Organisation annehmen sollten. Die Art und der Charakter der Organisation war keineswegs lediglich eine formelle Entscheidung, sondern für den demokratischen Prozess grundlegend. Urabstimmungen im Betrieb, demokratische Wahlen und gewerkschaftspolitische Entscheidungen waren elementare Voraussetzungen für einen Neuanfang. Dies gilt auch für die praktische, alltägliche Gewerkschaftsarbeit. Wurde sie in dieser Umbruchs- und Transformationsphase von den Diskussionen über Organisationsformen überlagert? Die in dieser Zeit geführten Debatten über Neuordnung und den Weg der Einheit der Gewerkschaften in Deutschland waren zweifellos und mit allem Grund dominant. Die zentrale Aufgabe der Interessenvertretung wurde dabei nicht vernachlässigt. Allerdings waren die Voraussetzungen in den einzelnen Branchen und Phasen unterschiedlich.

Für die Bauwirtschaft und die Energiewirtschaft werden in einer Anfangsphase gute Verhandlungspositionen der Gewerkschaften erinnert, die auch zu guten Tarifabschlüssen geführt hätten.[72] Auch das tarifpolitische Wirken der IG Metall wird positiv erinnert. Die Aushandlung eines Stufenplanes der Lohnangleichung an Westniveau 1991, für den die IG Metall 1993 in den Streik ging, habe den Beschäftigten im Osten Deutschlands eine Perspektive des Bleibens gegeben, die IG Metall habe Vertrauen geschaffen, die Erwartungen an sie seien allerdings auch besonders hoch gewesen.[73] Während die Erinnerungen zum Wirken der IG Metall in die Anfangsjahre der vereinten Bundesrepublik hinreichen, beziehen sich die Erzählungen zur Bauwirtschaft und zur Energiewirtschaft auf ein Zeitfenster bis etwa Mitte des Jahres 1990. Als Zäsur wird in den Interviews jeweils das Wirken der Treuhandanstalt in ihrer Form ab Juni 1990 und vor allem nach Herstellung der staatlichen Einheit begriffen. Mit der »Treuhand« werden nicht nur kriminelle Machenschaften, sondern auch das »Plattmachen« noch erhaltenswerter Produktionsstätten assoziiert.[74] Angesichts der kritisch beurteilten Arbeit der Treuhandanstalt stellt sich

71 Transkript Petzsch, S. 35 f., siehe Dokumentation, S. 91.

72 Transkripte Schulze, S. 4 f. und Witte, S. 19 f., siehe Dokumentation, S. 116 f. und S. 122 f.

73 Transkripte Merbitz, S. 15 f. und Arnold, S. 43, siehe Dokumentation, S. 121 f. Zum Metallarbeiterstreik 1993 siehe Tarifrunde 1993: Der Konflikt um den Stufenplan in der Metallindustrie, in: http://www.boeckler.de/wsi-tarifarchiv_3269.htm, letzter Zugriff am 20.8.2014.

74 Transkripte Schulze, S. 6 f., Weber, S. 35 f., Petzsch, S. 32, siehe Dokumentation, S. 123 ff.

die Frage nach den Handlungsspielräumen der Gewerkschaften. Immerhin gehörten dem 23-köpfigen Verwaltungsrat der Treuhand – eine Art Aufsichtsrat des Vorstandes – auch vier Vertreter der Gewerkschaften an.[75] Die Handlungsmöglichkeiten der Gewerkschaften werden dennoch skeptisch eingeschätzt. Günter Petzsch verweist auf die Fülle und Komplexität der Aufgaben, vor denen die Gewerkschaften standen, sowie auf die mangelnde politische Durchschlagskraft – die allgemeine Ausrichtung der Treuhandanstalt sieht er als den gewerkschaftlichen Interessen deutlich entgegengesetzt an. Den westdeutschen Konzernen sei es nicht darum gegangen, möglichst viele Standorte im Osten zu erhalten, sondern die Region als Absatzmarkt zu nutzen.[76] Obwohl mit Hermann Rappe der Vorsitzende jener Gewerkschaft, der Günter Petzsch angehörte, im Verwaltungsrat vertreten war, habe diese nicht genügend Einfluss geltend machen können. Jutta Schmidt schätzt die Handlungsfähigkeit der Gewerkschaften im Osten generell begrenzt ein, denn diese bestimme sich durch eine gut gefüllte Streikkasse, durch politischen Einfluss und Verbindungen, über all dies hätten die Gewerkschaften im Osten nicht verfügt, man habe das Knowhow und das Geld benötigt – und dies sei aus dem Westen gekommen.[77] Die vor einiger Zeit diskutierte Frage, ob die DGB-Gewerkschaften nicht stärkeren Einfluss auf den Transformationsprozess in den neuen Bundesländern und insbesondere auf die Tätigkeit der Treuhandanstalt hätten nehmen können, lässt sich auch anhand der vorliegenden Interviews nicht beantworten.[78] Die Stärke der westdeutschen Gewerkschaften darf sicherlich nicht überschätzt werden, ihre gesellschaftliche Mitverantwortung im ostdeutschen Deindustrialisierungsprozess aber auch nicht unterschätzt werden. Der DGB und seine Mitgliedsgewerkschaften standen mit der Herstellung der Einheit und der anschließenden Transformation vor Herausforderungen, für die es keine historischen Beispiele gab. Eine klare strategische Linie war für diese historische Zäsur nicht vorbereitet. Trotz zahlreicher Abstriche agierten die vereinten Gewerkschaften in ihrem direkten Aufgabenfeld, der Interessenvertretung im Lohn- und Tarifbereich, als wichtige soziale Korrektive in dieser Umbruchphase. Die gewerkschaftliche Neuordnung in der DDR stellte in ihren vielseitigen Facetten einen grundlegenden Beitrag zum demokratischen Reformprozess und zur Herstellung der Einheit dar. Diese war angesichts der politischen Willensbekundung in der Volkskammerwahl vom 18. März 1990 und den folgenden politischen Entscheidungen im wirtschafts- und währungspolitischem Bereich auch für die Gewerkschaften ein unumkehrbares Ziel.

Die interviewten Personen repräsentieren Wege des Umbruchs, des teils euphorischen Aufbruchs, der aktiven Reform und Demokratisierung, sie sind Teil der Geschichte von

75 Stand 1991. Es waren dies Vertreter des DGB, der Deutschen Angestellten-Gewerkschaft (DAG), der IG Metall und der IG Chemie-Papier-Keramik.

76 Transkript Petzsch, S. 32f., siehe Dokumentation, S. 131.

77 Transkript Schmidt, S. 28, siehe Dokumentation, S. 129.

78 Vgl. Die Treuhand – der Widerstand in Betrieben der DDR – die Gewerkschaften (1990–1994). Tagung vom 2. April 2011 in Berlin. Beiträge und Dokumente, hrsg. v. Ulla Plener, Berlin 2011.

Friedlicher Revolution und demokratischer Neuordnung in den Gewerkschaften und in jenem Teil Deutschlands, der um Mitternacht des 2. auf den 3. Oktober 1990 als DDR in die Geschichte einging.

Dokumentation

Die folgende Dokumentation präsentiert Ausschnitte aus dem umfangreichen Interviewmaterial, das in transkribierter Form 735 Seiten umfasst. Die Autorisierung zur Veröffentlichung der durchgeführten Interviews ist eine persönliche Entscheidung der Zeitzeuginnen und Zeitzeugen, die juristisch über ihren Beitrag frei entscheiden können. Für das Gespräch mit Jan Lautenbach (HdG) lag zum Zeitpunkt der Drucklegung noch keine derartige Autorisierung vor, weshalb dieses Interviewmaterial nicht in die Publikation aufgenommen wurde. Joachim Töppel (IG Metall) hat sein Interview nur in einer vollständig von ihm überarbeiteten, nicht mehr dem Wortlaut der Aufnahme, sondern einem schriftlichen Bericht entsprechenden Fassung autorisiert. Da dieses Vorgehen grundsätzlich der Methode des Projektes widerspricht, wurde dieses Gespräch ebenfalls nicht in der Dokumentation berücksichtigt. Auslassungen im dokumentierten Interviewmaterial sind mit […], längere Pausen im Interview mit (…), unvollständige, abgebrochene Sätze mit … gekennzeichnet.

Thomas Arnold

Am **12.2.1962** geboren in Leipzig.

1968–78 Besuch der Polytechnischen Oberschule Karl-Liebknecht in Leipzig.

1978–80 Ausbildung zum Maschinen- und Anlagenmonteur im VEB Verlade- und Transportanlagenbau (VTA) in Leipzig (Teil der Vereinigung Volkseigener Betriebe TAKRAF).

1981–82 Grundwehrdienst bei den Grenztruppen der DDR in Berlin.

1980–84 Reparaturschlosser im VEB VTA Leipzig (Teil des Kombinats TAKRAF).

1984–87 Studium an der Ingenieurschule für Maschinenbau in Leipzig.

Juli 1987 Abschluss als Maschineningenieur (Spezialisierung Rationalisierungsmittelbau).

Ab August 1987 Arbeit als Konstrukteur im VEB VTA Leipzig, Betriebsteil: Institut für Fördertechnik (IFF).

Ab September 1989 Teilnehmer an den Leipziger Montagsdemonstrationen.

November 1989 Neuwahl in der eigenen Gewerkschaftsgruppe (20 Kollegen), Wahl zum Vertrauensmann.

April–Mai 1990 Betriebsratswahl im IFF, Wahl zum Betriebsratsvorsitzenden.

Sommer 1990 Mitglied eines Beraterkreises aus ca. 25 ehrenamtlichen ostdeutschen Kollegen zur Unterstützung des Beratungsbüros der IG Metall (West) in Leipzig.

Juli 1990 Besuch des Grundlagenseminars für Betriebsräte in Weißbach, durchgeführt von der IG Metall (West).

November 1990 Gründung des Gesamtbetriebsrates von TAKRAF, Wahl zum Gesamtbetriebsratsvorsitzenden.

November–Dezember 1990 Teilnehmer am Ausbildungsprogramm für zukünftige Hauptamtliche der IG Metall (West) in Heidenheim.

Februar 1991 Gründung des Konzernbetriebsrates von TAKRAF, Wahl zum Konzernbetriebsratsvorsitzenden.

Seit 1.7.1991 Gewerkschaftssekretär der IG Metall in Leipzig.

Renate Hürtgen

Am **7.10.1945** geboren in Berlin.

1953–63 Schulausbildung bis zum Abschluss der 10. Klasse.

1963–66 Ausbildung zur Unterstufenlehrerin am Institut für Lehrerbildung in Berlin.

1966–70 Tätigkeit als Unterstufenlehrerin in Berlin.

1970–74 Studium der Kulturwissenschaften an der Humboldt-Universität zu Berlin, Sektion Ästhetik/Kunstwissenschaften.

1974–77 Forschungsstudium, Promotion zum Dr. phil.

1977–80 Kulturreferentin an der Hochschule für Ökonomie, Berlin-Karlshorst.

1980–90 wissenschaftliche Mitarbeiterin an der Akademie der Wissenschaften, Institut für Philosophie, Bereich Philosophiegeschichte, Themenschwerpunkt: Deutsche Aufklärung.

Seit 1987 in der DDR-Opposition aktiv (Friedrichsfelder Friedenskreis).

1989 Gründungsmitglied der Initiative für unabhängige Gewerkschaften.

1990–98 Tätigkeit an diversen Forschungsprojekten zu den Themen: Sozialpolitische Interessenvermittlungsstrukturen im Transformationsprozess; Aufbau betrieblicher Interessenstrukturen in den neuen Bundesländern; Frauen im Prozess der Herausbildung betrieblicher Interessenstrukturen in den neuen Bundesländern.

1998–2013 wissenschaftliche Mitarbeiterin am Zentrum für Zeithistorische Forschung Potsdam e.V.

Seit 2013 Rentnerin.

Regina Klefler

Am **7.6.1948** geboren in Vetschau.

1955–65 Besuch der Polytechnischen Oberschule in Burg mit Abschluss der 10. Klasse.

1965–68 Berufsausbildung zur Handelskauffrau.

1968–69 Mitarbeiterin für Ökonomie in der Konsumgenossenschaft in Cottbus.

1969–70 Revisionsassistentin in der staatlichen Finanzrevision in Gera.

1970–74 Fernstudium an der Fachschule für Binnenhandel Dresden (Außenstelle Chemnitz) mit Abschluss als Dipl. Ing. FH BWL.

1970–75 Mitarbeiterin in der Lohnbuchhaltung, später Filialbereichsleiterin bei der HO-Gaststätten in Gera.

1975–84 stellvertretende Leiterin der Abteilung Planung und Abrechnung im Straßen-, Brücken- und Tiefbaukombinat (SBTK) Gera.

1984–90 Vorsitzende der Kombinatsgewerkschaftsleitung im SBTK Gera.

1990–91 Geschäftsstellenleiterin der IG Bau-Holz bzw. der IG Bau-Steine-Erden, Bezirksverband Gera.

1991–2009 Geschäftsführerin der IG BSE bzw. ab 1996 IG Bauen-Agrar-Umwelt in Gera.

Seit 2009 Rentnerin.

Sieglinde Merbitz

Dezember 1952 geboren in Calbe (Saale).

1959–71 Schulausbildung.

1971 Abitur in Tangerhütte.

1971–75 Studium der Sozialistischen Betriebswirtschaftlehre des Schwermaschinen- und Anlagenbaus an der Technischen Hochschule Otto-von-Guericke in Magdeburg.

1975 Abschluss als Diplom-Ingenieur-Ökonom.

1976–78 Bilanzbuchhalterin im VEB Getreidewirtschaft Pasewalk.

1978–81 Vorsitzende der Finanzkommission beim FDGB-Kreisvorstand Pasewalk.

1981–84 Vorsitzende der Finanzkommission beim FDGB-Kreisvorstand Magdeburg-Süd.

1983–88 Fernstudium an der Hochschule der Gewerkschaften »Fritz Heckert«.

1988 Abschluss als Diplom-Gesellschaftswissenschaftlerin.

1984–88 Gewerkschaftssekretärin beim FDGB-Kreisvorstand Leipzig-Süd.

1988–89 Mitarbeiterin im Büro des Vorsitzenden des FDGB-Bezirksvorstandes.

1989–91 stellvertretende Vorsitzende beim Bezirksvorstand der IG Metall (DDR) (IG Metall in Leipzig.

1991–93 Kassenangestellte bei der Verwaltungsstelle der IG Metall in Leipzig.

1993–96 Geschäftsführerin und Kassiererin bei der IG Metall Verwaltungsstelle Leipzig.

1996–2011 1. Bevollmächtigte der IG Metall Verwaltungsstelle Leipzig.

2012 Ruhephase der Altersteilzeit.

Günter Petzsch

Am **4.11.1945** geboren in Freital.

1964 Abitur.

1965–67 Studium der Chemie an der Karl-Marx-Universität in Leipzig.

1967–71 Fortsetzung des Studiums der Chemie an der Bergakademie in Freiberg.

1971 Abschluss als Diplom Chemiker.

1971–73 wissenschaftlicher Assistent in der Forschungsabteilung Anwendungstechnik im VEB Fettchemie Karl-Marx-Stadt.

1973–80 Leiter der Forschungsabteilung im VEB Fettchemie Karl-Marx-Stadt.

1980–86 hauptamtlicher BGL-Vorsitzender des VEB Fettchemie Karl-Marx-Stadt.

1986–89 hauptamtlicher BGL-Vorsitzender des VEB Minol in Karl-Marx-Stadt.

1990–91 Gewerkschaftssekretär in der Verwaltungsstelle Chemnitz der IG Chemie, Glas und Keramik.

1991–93 Gewerkschaftssekretär in der Verwaltungsstelle Chemnitz der IG Chemie-Papier-Keramik.

1993–96 Geschäftsführer der Verwaltungsstelle Chemnitz der IG Chemie-Papier-Keramik.

1996–97 Geschäftsführer der Verwaltungsstelle Jena der IG Chemie-Papier-Keramik.

1997–2005 Bezirksleiter der IG Bergbau, Chemie, Energie in Gera.

2005–07 Gewerkschaftssekretär im Landesbezirk Hessen/Thüringen.

Seit 2008 im Ruhestand.

Peter Praikow

Am 5.2.1960 geboren in Lieberose.

1966–76 Schulausbildung mit Abschluss der 10. Klasse.

1976–78 Berufsausbildung mit Abschluss als Facharbeiter für Fernmeldebau.

1978–84 Lehrausbilder an der Berufsschule der Bezirksdirektion Berlin der Deutschen Post.

1979–83 Ingenieurstudium an der Fachhochschule der Deutschen Post in Leipzig.

1983 Abschluss als Diplomingenieur für Technik und Technologie des Fernmeldewesens.

1984–90 Gewerkschaftssekretär beim Zentralvorstand der IG Transport und Nachrichtenwesen.

Ab 1986 Mitglied des Sekretariats des Zentralvorstandes der IG Transport und Nachrichtenwesen (Jugendsekretär).

März–November 1990 Vorsitzender der neu gegründeten Deutschen Postgewerkschaft (DDR).

Ab Mai 1990 Mitglied des Sprecherrates als neues, provisorisches Führungsgremium des FDGB.

1990–93 Mitglied des geschäftsführenden Hauptvorstands der DPG.

1993–2001 Abteilungsleiter für Organisationsentwicklung/IT in der DPG Hauptverwaltung in Frankfurt/Main.

2001–12 verschiedene Funktionen auf Bereichsleiterebene in der ver.di-Bundesverwaltung in Berlin.

Ab Juni 2012 Bundesfachbereichsleiter der Fachgruppe Telekommunikation in der ver.di-Bundesverwaltung.

Jutta Schmidt

Am **2.3.1945** geboren in Ketschendorf.

1963 Abitur an der erweiterten Oberschule in Fürstenwalde.

1963–65 Elektromechanikerlehre im VEB Halbleiterwerk Frankfurt/Oder.

1965–70 Studium der Schwachstromtechnik an der TU Dresden.

1970 Abschluss als Diplomingenieurin.

1971–82 Fertigungstechnologin im VEB Nachrichtenelektronik Greifswald.

1982–89 wissenschaftliche Mitarbeiterin im Institut für Halbleiterphysik der Akademie der Wissenschaften der DDR in Frankfurt/Oder.

Ab 1984 Vertrauensfrau im Institut für Halbleiterphysik.

1989 Mitglied im Neuen Forum und am Runden Tisch in Frankfurt/Oder.

Ab Dezember 1989 BGL-Vorsitzende im Institut für Halbleiterphysik.

Ab März 1990 Betriebsratsvorsitzende im Institut für Halbleiterphysik.

Ab Februar 1991 Sachbearbeiterin in der ÖTV-Kreisverwaltung Frankfurt/Oder.

Ab Juni 1991 stellv. Bezirksleiterin des ÖTV-Bezirks Brandenburg.

Ab Juni 1992 stellv. Vorsitzende der ÖTV.

2007 Renteneintritt.

Peter Schulze

Am **10.11.1952** geboren in Drübeck.

1959–69 Besuch der zehnklassigen Polytechnischen Oberschule Drübeck.

1969–72 Berufsausbildung zum Baufacharbeiter mit Abitur im Bau- und Montagekombinat Magdeburg (BMK).

1969 Wahl zum Jugendvertrauensmann.

1972–82 Schweißer und Stahlbauschlosser im Montagebetrieb des BMK.

1975–77 Grundwehrdienst bei der NVA.

1982 Wechsel innerhalb des Kombinates zum Betrieb Industriebau Wernigerode des BMK Magdeburg, dort tätig als Brigadier Stahlbau.

1982 Wahl zum gewerkschaftlichen Vertrauensmann der Brigade.

1983 Wahl zum Mitglied der Betriebsgewerkschaftsleitung.

1985 Wahl zum Vorsitzenden der Betriebsgewerkschaftsleitung des Kombinatsbetriebes Industriebau Wernigerode.

1986 ehrenamtliches Mitglied im Kreisvorstand der IG Bau-Holz Wernigerode.

1989 im Betrieb gewählter Delegierter zum außerordentlichen FDGB-Kongress in Berlin.

1989 Delegierter zum neuen Gründungskongress der IG Bau-Holz der DDR.

1990 Gast-Delegierter zum außerordentlichen Gewerkschaftstag der IG BSE, der die Aufnahme der IG Bau-Holz beschlossen hat.

1990 Wahl zum Betriebsratsvorsitzenden der Industriebau Wernigerode GmbH.

1990 ehrenamtliches Mitglied des Landesvorstandes Sachsen Anhalt der IG BSE.

1991 Ausbildung zum Nachwuchssekretär der IG BSE.

1992 Geschäftsführer der IG BSE in Magdeburg.

1993 Mitglied des Beirates der IG BSE.

Seit 2007 Regionalleiter der Region Sachsen-Anhalt, Thüringen.

Eva-Maria Stange

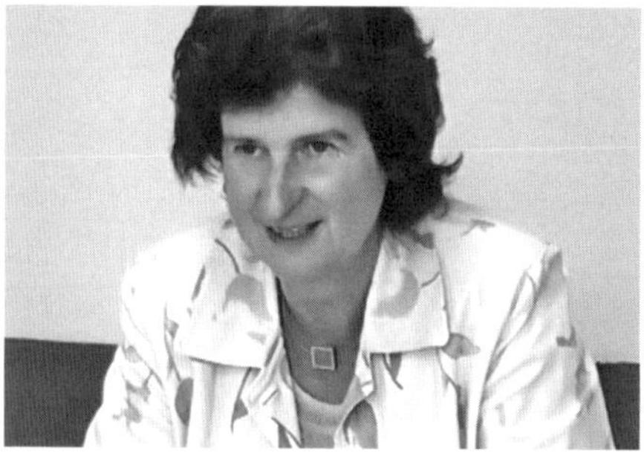

Am **15.3.1957** geboren in Mainz.

1958 in die DDR übergesiedelt.

1963–75 Besuch der Polytechnischen Oberschule (POS) und der Erweiterten Oberschule (EOS) in Elsterwerda, ab 1974 der EOS in Dresden.

1975–79 Studium als Diplomlehrerin für Mathematik und Physik an der Pädagogischen Hochschule (PH) in Dresden.

1979–82 Lehrerin für Physik und Mathematik an einer POS in Dresden.

1982–85 Promotion auf dem Gebiet der Physik Methodik an der PH Dresden zum Dr. paed.

1985–89 Tätigkeit in der Lehramtsausbildung und Forschung am Fachbereich Methodik des Physikunterrichts an der PH Dresden.

1989–93 zunächst Lehrerin an einer POS, **ab 1991/92** an einem Gymnasium in Dresden.

1992–93 Vorsitzende des Bezirkspersonalrates Gymnasien in Dresden.

1993–97 Landesvorsitzende der Gewerkschaft Erziehung und Wissenschaft (GEW) in Sachsen.

1997–2005 Bundesvorsitzende der GEW.

2005–06 abgeordnete Lehrerin am Zentrum für Lehrerbildung, Schul- und Berufsbildungsforschung der TU Dresden.

2006–09 Sächsische Staatsministerin für Wissenschaft und Kunst (SPD).

Seit 2008 Bundesvorsitzende der Arbeitsgemeinschaft für Bildung in der SPD.

Seit 2009 stellvertretende Vorsitzende, bildungspolitische und kulturpolitische Sprecherin der SPD-Fraktion im Sächsischen Landtag.

Seit 2010 stellvertretende Parteivorsitzende der SPD in Sachsen.

Dieter Walther

1941 geboren in Erfurt.

1947–57 Schulausbildung bis zum Abschluss der 10. Klasse in Potsdam.

1957–59 Lehrausbildung mit Abitur zum Lokschlosser bei »Orenstein und Koppel«.

1960–65 Fakultatives Studium der Theologie in Berlin Kirchlich-diakonischer Lehrgang.

1965–68 Kreisjugendwart in Luckenwalde und Rostock.

1968–73 Ausbildung und Tätigkeit als Krankenpfleger in Wittenberge.

1973–82 Schlosser im Stahl- und Walzwerk Hennigsdorf.

1979–82 Fernstudium der Wartungstechnik/Mess-, Steuer-, Regelarbeiten und Elektronik in Berlin und Riesa.

1982–91 Investingenieur und Leiter der Drahtstraße im Stahl- und Walzwerk Hennigsdorf.

1989–90 Mitbegründer eines unabhängigen Betriebsrates im Stahl- und Walzwerk Hennigsdorf.

1989 in der kirchlichen Opposition in Halle und Berlin aktiv.

1991–2001 freigestellter Betriebsrat der Hennigsdorfer Stahl GmbH und der anschließenden Auffanggesellschaft NOVAreg GmbH.

Seit 2001 Rentner.

Wolfgang Weber

Am **8.5.1950** geboren in Berlin-Lichtenberg.

1956–66 Besuch der zehnklassigen Oberschule in Berlin-Lichtenberg.

1966–68 Lehre zum Kfz-Schlosser beim Kraftfahrzeugdienst in Berlin.

1969–71 Grundwehrdienst bei der NVA.

1971–75 Mitarbeiter im IFA-Vertrieb in Altfriedrichsfelde.

1975–79 Kraftfahrer im VEB Verbundnetz Elektroenergie.

Bis 1990 Fuhrparkleiter im VEB Wärmeanlagenbau DSF bzw. Berliner Wärmeanlagenbau GmbH (WBB).

April 1990–Mai 1990 ehrenamtliches Hauptvorstandsmitglied der IG Bergbau, Energie und Wasserwirtschaft (IG BEW).

Ab Mai 1990 Büroleiter beim geschäftsführenden Vorstand der IG BEW.

Ab November 1990 Bezirksleiter der IG Bergbau-Energie in Berlin.

Ab 1997 stellvertretender Bezirksleiter bei der IG Bergbau, Chemie, Energie in Berlin.

Seit 2008 im Ruhestand.

Gerhard Weise

Am **26.1.1950** geboren in Halle/Saale.

1956–66 Besuch der zehnklassigen Polytechnischen Oberschule in Halle/Saale.

1965–67 schulbegleitende Berufsausbildung zum Baumaschinisten im Bau- und Montagekombinat Chemie Halle.

1967–68 Tätigkeit beim Übererdbau Leipzig in Magdeburg.

1968–70 Grundwehrdienst bei der NVA.

1970–82 Planierraupenfahrer im Bau- und Montagekombinat Magdeburg (BMK).

1982–83 Besuch der SED-Bezirksparteischule in Magdeburg.

1983–84 hauptamtlicher Vorsitzender der Abteilungsgewerkschaftsleitung im Stammbetrieb des BMK.

1984 Wahl zum Vorsitzenden der Betriebsgewerkschaftsleitung im Stammbetrieb des BMK und zum Vorsitzenden der Kombinatsgewerkschaftsleitung.

1985–90 Fernstudium an der Gewerkschaftshochschule »Fritz Heckert« in Bernau mit Abschluss als Gesellschaftswissenschaftler.

1991 Baumaschinenführer bei der Straßentiefbau GmbH in Magdeburg und ab **1992** bei der STRABAG.

Peter Witte

Am **17.8.1939** geboren in Berlin.

1945–54 Schulausbildung bis zur 9. Klasse.

1954–58 Lehre und Tätigkeit als Elektromaschinenbauer in einem Handwerksbetrieb in Berlin.

1958 Relaismonteur bei der Ost-BEWAG.

1958–61 Direktstudium an der Fachschule für Elektrotechnik und Schwermaschinenbau in Berlin-Lichtenberg.

1961 Abschluss als Ingenieur für Elektromaschinenbau.

1961–90 div. Tätigkeiten in der Ost-BEWAG, **ab 1978** VEB Energieversorgung Berlin, **ab 1979** VEB Energiekombinat Berlin als Bauleiter Kraftwerke; Gruppenleiter bzw. Abteilungsleiter im Bereich Rechenzentrum; Hauptabteilungsleiter für die Bereiche Betriebsorganisation, EDV-Programmierung, Rechenzentrum; Leiter des Büros des Kombinatsdirektors; Vorsitzender der ZBGL; Leiter der Betriebsorganisation; Dispatcher für Materialorganisation im Anlagenbau; Fuhrparkleiter; Leiter der Abteilung »Leitungsinformation und Koordinierung« im Direktionsbereich Investitionen und Anlagenbau.

1969–73 Hochschulfernstudium mit Abschluss als Diplomwirtschaftler an der Hochschule für Ökonomie und Planung in Berlin-Karlshorst.

Ab Mitte November 1989 Initiator und Mitglied einer Arbeitsgruppe Gewerkschaft und amtierender Vorsitzender des Hauptsprecherrates im VEB Energiekombinat Berlin.

Dezember 1989 Mitglied des »Gewerkschaftskomitees für Selbstbestimmung in der DDR«.

April–Oktober 1990 1. Vorsitzender der IG Bergbau, Energie und Wasserwirtschaft.

November 1990–April 1991 Liquidator der IG BEW und Beauftragter-Ost des geschäftsführenden Vorstandes der IG Bergbau und Energie.

Mai 1991–Mai 1996 Mitglied des geschäftsführenden Vorstandes der IG BE.

Juni 1996–August 1999 Geschäftsführer der RAG Bildung GmbH.

Seit September 1999 im Ruhestand.

Prägungen

Die Prägungen durch die Zeit in der DDR hatten eine große Bandbreite von politisch-ideologischer Übereinstimmung bis hin zu unangepasstem oder gar oppositionellem Verhalten zur Folge.

Regina Klefler

Regina Klefler war schon als Jugendliche politisch sehr aktiv (FDJ Jugendklub), überzeugtes Mitglied der SED und Stadtverordnete für den Demokratischen Frauenbund Deutschlands (DFD).

Ich bin in der DDR groß geworden, ich hatte in der DDR nie Nachteile irgendwelcher Art. Wir waren vier Kinder zu Hause. Ich habe einen ordentlichen Beruf gelernt. Also ich habe mich aufgehoben gefühlt. Wir sind einfach, das wirft man uns ja auch heute immer mal vor, aber wir sind einfach in dem Land groß geworden. Wir kannten ja nichts anderes. Ich habe auch nie empfunden, dass ich irgendwo gegängelt wurde oder irgendwas. Ich habe im Grunde alles freiwillig gemacht, ist so.[79]

Eva-Maria Stange

Eva-Maria Stange unterstreicht ihre DDR-Sozialisation auch mit negativen Erfahrungen des Elternhauses über die Illusion eines »Goldenen Westen«.

Ich bin Jahrgang 1957, bin in Mainz geboren, was immer etwas ungewöhnlich dann erscheint und immer zu Diskussionen führt. Meine Eltern haben eine, sie haben einen Ausflug nach Mainz gemacht von 1956 bis 1958 und in dieser Zeit bin ich geboren. Eigentlich kommen wir aus Magdeburg, da waren meine Großeltern und dort war auch der eigentliche Wohnort meiner Eltern, bis sie in den »Goldenen Westen« gingen, der dann doch nicht so golden war. Das heißt, ich bin also im Osten sozialisiert, über den überwiegenden Teil meines Lebens, und auch hier aufgewachsen, in die Schule gegangen und habe auch hier studiert.[80]

Die Mitgliedschaft in der SED begründet Stange mit einem ohnehin vorhandenen politischen Interesse und der Förderung von Arbeiterkindern in der DDR, aufgrund dessen sie die Möglichkeit zum Hochschulstudium erhielt.

Und das ist das Eine, und ich bin dann auch 1981, also einige Jahre nach meinem Eintritt in den Schuldienst, in die SED eingetreten. Aus meinen biografischen Daten heraus,

79 Transkript Klefler, S. 14.
80 Transkript Stange, S. 1.

also ich komme aus einem Arbeiterelternhaus, ich habe aus der Förderung von Arbeiterkindern zu DDR-Zeiten profitiert. Ich hätte wahrscheinlich nie studieren können, wenn es die Möglichkeit nicht gegeben hätte, eines Stipendiums, was ich auch ungekürzt bekommen habe, im Gegensatz zu denjenigen, die aus ... also mein Mann zum Beispiel kommt aus einer Intelligenzfamilie, wo also beide Akademiker gewesen sind, und da hat es erst mal gar kein Stipendium gegeben, und erst als wir dann unsere Tochter hatten, also ein Kind da war, eine Familie da war, da hat auch er dann ein bisschen Stipendium bekommen. Aber im Prinzip habe ich davon profitiert, als Arbeiterkind dieses Stipendium zu bekommen und damit auch studieren zu können, weil meine Eltern hätten das sonst gar nicht bezahlen können. Also das war ... Von daher war es für mich also auch so ein Stück logische Konsequenz, in die Partei einzutreten und mich auch von innen heraus zu engagieren, politisch interessiert war ich immer, also das war dann sozusagen der Schritt dazu.[81]

Durch Diskussionen im beruflichem Umfeld, aufgrund der Ereignisse in Polen und der UdSSR, der wirtschaftlichen wie bildungspolitischen Defizite in der DDR und weil sie feststellte, dass aus der SED heraus keine Veränderungen möglich waren, entschied sich Eva-Maria Stange bereits 1988, aus der Partei auszutreten.

Ja, ich war ja dann 1985 wieder an der Pädagogischen Hochschule und in der Pädagogischen Hochschule hat es schon sehr viele Diskussionen, wir haben auch sehr gute Leute gehabt, sehr viele Diskussionen über das System gegeben und auch zu der Zeit Perestroika, alles, was in Russland, aber vor allen Dingen auch in Polen geschehen ist, wir haben über sehr vieles diskutiert, und es baute sich ja auch bei uns ein System auf, dass wir merkten, dass die sozialen Wohltaten auf der einen Seite überhaupt nicht mehr Schritt hielten, auch mit der wirtschaftlichen Entwicklung, die Spannungen auch stiegen, gerade im Bildungssystem die Spannungen stiegen, was dann auch dazu führte, dass ich aus der Partei ausgetreten bin, also dass wir auch da eine starke, ja schon innerhalb der Pädagogischen Hochschule, eine gute Diskussion hatten, die letztlich auch so einen Schritt dann auch hervorgerufen hat, weil ich gesehen habe, dass man von innen heraus in dieser Partei nichts mehr verändern kann. Heute sagt man manchmal so leicht den Spruch: »Ja, wenn du ständig rummeckerst, die Parteien sollen mal was tun, dann geh doch in eine Partei und dann ändere doch was und bring dich da selber ein!« Da werde ich jetzt heute immer hellhörig, wenn ich so was höre, weil es erst mal nicht so einfach ist, innerhalb einer Partei tatsächlich, als einzelner, etwas zu verändern, wenn das ganze System nicht stimmt, also das ist eine Erfahrung, die ich damit auch mitgenommen habe. Ja, diese Erfahrung hat mich eigentlich auch dazu gebracht, dass ich dann auch 1990 mich eigentlich nicht mehr politisch engagieren wollte, sondern wirklich in Ruhe meiner Arbeit nachgehen

81 Ebd., S. 5f.

gefunden, um diesen unliebsamen Witte hier ganz kräftig zu maßregeln. Es gab also ein handfestes Verfahren gegen mich. Ich sollte fristlos entlassen werden, wurde sofort von allen Funktionen entbunden, habe sechs Wochen zu Hause gesessen, nicht mehr so recht gewusst, wie es weiter gehen soll und ja bin dann aber durch Fürsprache, eins, zwei, drei, ich sage mal von Mitgliedern der damaligen Werkleitung, die gesagt haben: »Ihr müsst doch wohl bekloppt sein, ihr könnt doch den Witte, der hier jetzt mittlerweile 25 Jahre in diesem Unternehmen, in diesem Kombinat ist, wegen so einer Geschichte hier nicht fristlos entlassen!«, und einer davon war dann bereit, mich zu übernehmen, und ich wurde als Dispatcher für Materialorganisation im Anlagenbau des Kombinates eingesetzt, natürlich auch finanziell kräftig zusammengestutzt.[85]

Gewerkschaftsarbeit in der DDR

Die große Mehrheit der Interviewten sieht im FDGB keine wirkliche Interessenvertretung der Beschäftigten in der DDR. Vielmehr wird eine Mitgliedschaft im Gewerkschaftsbund aufgrund der durch ihn angebotenen sozialen Leistungen, wie der Sozial- und Unfallversicherung, der Wohnraumbeschaffung, der Kinderbetreuungs- und Urlaubsplatzversorgung etc., als unverzichtbar betrachtet. Andererseits wandelt sich dieses Bild des reinen Sozialdienstleisters staatlicher Daseinsvorsorge vor allem bei der Betrachtung der betrieblichen Ebene, zum Teil auch der einzelgewerkschaftlichen Ebene, in denen abhängig vom Engagement der gewerkschaftlichen Funktionäre durchaus Handlungsspielräume bestanden hätten. Gerade im Vergleich der praktischen Tätigkeit einer BGL und eines Betriebsrates werden deshalb von einigen Interviewten Parallelen festgestellt.

Regina Klefler

Regina Klefler schätzt die Gewerkschaftswahlen in der DDR als grundsätzlich demokratisch ein, stellt aber auch heraus, dass es in der Regel keine Gegenkandidaten gab.

Demokratisch insofern, weil die Delegiertenkonferenz, waren ja Delegierte aus allen Betriebsteilen. Die wurden in den Betriebsteilen in Vertrauensleutevollversammlungen gewählt. Die wurden einfach gewählt. Da gab es Kandidaten und die wurden da gewählt. So und diese Delegiertenkonferenz zur Wahl der Kombinatsgewerkschaftsleitung, die sich ja im Grunde nur aus dem Vorsitzenden, der gewählt wurde – oder in dem Fall der Vorsitzenden – und den BGLs, den Betriebsgewerkschaftsleitungsvorsitzenden bestand. So, ja, und es gab keinen Gegenkandidaten. Es gab nur mich als Kandidatin mit der Maßgabe: »Entweder sie wird gewählt oder sie wird nicht gewählt«, deswegen habe ich vorhin

85 Transkript Witte, S. 4f.

gesagt, ich hatte eine Gegenstimme, das war schon was Besonderes in der DDR. Normal wurde man ja immer mit 100 Prozent gewählt, aber insofern demokratisch. Ich hätte mir allerdings gewünscht, Gegenkandidaten zu haben, weil ich hatte später immer welche.[86]

Peter Schulze

Die Wahl zum BGL-Vorsitzenden wurde generell im Vorfeld durch die SED-Parteileitung gesteuert. Allerdings wurde Peter Schulze trotz Einspruchs der Betriebsparteileitung zum BGL-Vorsitzenden gewählt und bezeichnet diese Wahl auch als demokratisch.

Also die Frage, wer Vorsitzender wird der Betriebsgewerkschaftsleitung, die war vorher ganz klar und deutlich gesteuert, ja. Also da … Weil das kann ich gut nachvollziehen, denn nachdem ich dort gewählt wurde, da hat sich eine Mühle in Gang gesetzt. Ich musste dann erst mal zu unserem Parteisekretär im Betrieb: »Wieso kannst du einfach kandidieren gegen den Kollegen, der hier gewählt wurde.« Das haben wir dann erklärt: »Weil es da Kritik gab und wir wollten das nicht mehr mitgehen und wir wollen da mal was anderes versuchen.« – »Das könnt ihr doch nicht, ohne das mit der Parteileitung abzustimmen und so. Der ist Genosse und …« – »So halt mal an, ich bin auch Genosse«, ich war auch Mitglied der SED, ich sage: »Ich bin auch Genosse und wenn die Kollegen intern sagen, dass sie nicht einverstanden sind mit seiner Arbeit, dann kann das Gremium innerhalb, das entscheidet die BGL und nicht die Parteileitung, wer ihr Vorsitzender wird.« Das war ein Heiden-Trara. Dann habe ich eine Vorladung bekommen zur SED-Kreisleitung, ob denn, was denn das hier ist, wenn man einem Genossen, der das über viele Jahre gemacht hat, wenn man den dort einfach in die Wüste schickt. Also das war vorher alles klar. Der wird wieder … Ich habe das im Prinzip hinterher dann auch mal mit dem Parteisekretär diskutiert. Die mussten vorher schon melden, wer wird da BGL-Vorsitzender. Das war also alles durchgestylt und die waren dann natürlich ganz entsetzt, dass ihr Kandidat da mit einem Mal nicht mehr gewählt wurde, ja. Aber ansonsten die Wahl selbst, die war demokratisch. […] Ich bin dort vorgeschlagen worden, das war auf der Liste. Der Vorschlag ist [gemacht worden], du bist auf die Liste gekommen und dann gab es die ganz normale geheime Wahl, dann ist eine Wahlkommission mit Wahlurne über die Baustellen gefahren und dann gab es auf den Baustellen dann die Abstimmung dazu […].[87]

Peter Schulze vertritt die Position, dass auch die Gewerkschaftsarbeit mit ihren systembedingten Einschränkungen in der DDR immer vom persönlichen Engagement des einzelnen Funktionärs abhing und vergleicht dies mit der heutigen Arbeit von Betriebsräten.

86 Transkript Klefler, S. 13.
87 Transkript Schulze, S. 13.

[...] ich sage auch heute, so ein bisschen aus Abstand, Gewerkschaftsarbeit zu DDR-Zeiten im Betrieb, wenn ich die heute vergleiche mit Betriebsratsarbeit, die ja auch Interessenvertretung der Arbeitnehmer ist, dann ist das damals wie heute: Es steht und fällt mit den Menschen, die es tun. Wir haben damals BGL-Vorsitzende gehabt, ich sage mal, die haben ihrem Parteisekretär aus der Tasche geguckt und haben die große politische Linie vertreten. Und wir haben Kollegen gehabt, Kolleginnen und Kollegen gehabt, die haben versucht, im Rahmen ihrer Möglichkeiten möglichst viel positive Dinge für ihre Beschäftigten im Betrieb zu gestalten, und daran gibt es heute nichts anderes. Wir haben heute Betriebsräte, die machen eine ganz, ganz tolle Arbeit und versuchen, sich für die Interessen ihrer Beschäftigten einzusetzen, und wir haben andere, die haben sich wählen lassen, damit sie diesen relativen Kündigungsschutz haben und ansonsten passiert da nichts. Also ich sage, es hat immer mit den Menschen zu tun, die da in den Ämtern dann gewählt sind oder die sich dann für solche Ämter bewerben.[88]

Auf betrieblicher Ebene beurteilt Schulze das mögliche Druckpotenzial der BGL höher als das eines Betriebsrates, wobei er dies wieder von den handelnden Personen abhängig macht.

[...] man hatte im Prinzip ein höheres Zwangspotenzial. Man konnte also auch, wenn ein Bauleiter die Leute schlecht behandelt hat, dann konnte man selbst die Initiative ergreifen, konnte die vor die Konfliktkommission zerren, das war so ein betriebliches Gericht, ja. Und da haben die auch Bammel vor gehabt, das wollten die nicht. Und es gab einen Kultur- und Sozialfonds im Betrieb, der wurde verwaltet gemeinsam vom Arbeitgeber und von der BGL. Das Geld durfte nur ausgegeben werden, wenn es die Unterschrift da gab von der BGL dazu. Das ist Ferienwesen gewesen, das ist so die gesamte Frage des betrieblichen Wohnungswesens, kann man ja mit heute gar nicht mehr vergleichen. Durch diese Mangelwirtschaft hat der Betrieb eben auch Möglichkeiten gehabt. Er konnte seinen Beschäftigen auch Unterstützung geben bei der Wohnungssuche und [diese] dann auch im Prinzip ausbauen für Beschäftigte. So was wurde dann alles aus solchen Dingen bezahlt. Oder wir haben ein eigenes Ferienwesen gehabt. So wie man das heute hat, dass man ins Reisebüro [geht], an jeder Ecke findet man ein Reisebüro, man kann in den Urlaub fahren, das gab es zu DDR-Zeiten nicht. Und da haben eben die Betriebe selber was versucht oder haben es aber auch sein lassen. Also wir haben bei uns ein Ferienwesen gehabt, dass im Prinzip jeder Beschäftigte konnte, wenn er nicht unbedingt auf die Ferienzeit angewiesen war, jedes Jahr in den Urlaub fahren, über unsere betrieblichen Ferieneinrichtungen. Das war schon ... Das ging aber nur, wenn die Geschäftsleitung mitgemacht hat, und da war es auch ein gutes gegenseitiges Geben und Nehmen. Ja und wenn irgendwo mal im Arbeitsschutz was nicht hingehauen hat, dann waren unsere Kollegen auch Mitglied in einer ehrenamtlichen Arbeitsschutzkommission, die auch Ordnungsgeld verhängen konnte. Und da hat man ganz einfach,

88 Ebd., S. 2f.

wenn eine Sanktion droht, die einem auch persönlich droht, dann ist das schon was anderes, als wenn man ja hier nur »Du, du!« machen kann. Das ist schon … Also die Machtmöglichkeiten waren ein bisschen anders.[89]

Gerhard Weise

Bei Gerhard Weise werden die symbolische, »rituelle« Bedeutung des FDGB, die gesellschaftlich-kulturelle Rolle und die ganz praktischen Vorteile (Ferienplätze) deutlich. Auch er sieht Gemeinsamkeiten in der Arbeit einer BGL und eines Betriebsrates.

Ich sage mal, wichtig war eben für mich, dass die Gewerkschaft ja eigentlich ihren festen Platz in der Gesellschaft hatte, auch wenn es manchmal ein bisschen anders gesehen wurde, weil ja mehr oder weniger auch so eine hundertprozentige Mitgliedschaft fast gegeben war, weil es gab ja auch und das ist für mich immer noch ein bewegender Hintergrund, dass man ja zu Lehrbeginn den jungen Lehrlingen oder sagen wir den Lehrlingen in einer Feierstunde auch die Gewerkschaftsbücher feierlich übergeben hat. Also ich sage mal, das wurde ja nicht irgendwo zugeschickt, sondern da wurden die Lehrmeister eingeladen, da gab es eine Runde, da wurde jeder, kriegte jeder seine Satzung auch mit dazu, was ihm für Leistungen da zustanden, unter anderem war ja auch damals, was manchmal jetzt auch immer noch ein bisschen verpönt ist, weil es ja nur, fast nur in der DDR war, eigentlich zählten auch die FDGB-Reisen mit dazu, die zu kleinen Preisen also für eine vierköpfige Familie manchmal nur 90 DDR-Mark ausgemacht haben und manchmal noch weniger, wenn sie in der Zwischensaison waren. Also das sind ja Zeiten, die gehörten eben mit dazu. Das ist eben so gewesen, und wie gesagt, auch die Kureinrichtungen, die durch die BGLen mit vergeben wurden, oder die Reha-Maßnahmen, wie man sie heute nennt, sind ja durch die Betriebsgewerkschaftsleitung eigenständig mit übergeben worden. Und wichtig war eben der ganze Kontakt, und die andere Seite war eben auch: Wir waren oder sind eben ja auch mit der Motor gewesen, um unsere Leistungen mit zu motivieren, sage ich mal. Es wurden ja Wettbewerbsvereinbarungen abgeschlossen, die dann auch sich finanziell gelohnt haben. Die sind in eine Brigadekasse geflossen. Man konnte eine Feierstunde, man konnte einen Kegelabend etc., was man wollte, damit motivieren. Und ich sage mal, es ist bei einem Großteil der Kollegen eben angekommen, weil man ständig fast mit vor Ort war, und man hatte mit den Vertrauensleuten in jeder Kolonne oder jeder Brigade, egal wie groß sie war, waren Ansprechpartner für den nächsten da, wo man immer einen Rückfluss hatte. Das damit auch nicht alles rosig gelaufen ist, dass es auch Beschwerden gab: »Warum hab ich das nicht? Oder warum habe ich den Anspruch

89 Ebd., S. 37 ff.

nicht?«, das ist überall, das ist, glaube ich, in jeder Gesellschaft, auch das hatten wir, aber ich fand eben die Zeit eigentlich eine runde Sache. [90]

[...] Und so ist jetzt, wir machen eigentlich die gleiche Arbeit im Sinne der Kollegen, wie wir sie eigentlich früher auch gemacht haben. Wir haben Arbeitszeiten vereinbart, auch wenn sie staatlich festgelegt waren, aber wir hatten hier Schichtsysteme, wir haben Zyklus, wir haben an der Autobahn Zyklusarbeit acht, sechs und so weiter, alles gearbeitet, alles was gemeinsam vereinbart worden ist. Eigentlich genau das Gleiche, was du betriebsratsmäßig auch gemacht hast. [91]

Eva-Maria Stange

Für Eva-Maria Stange gehörte die Gewerkschaft in der DDR mit zum Arbeitsprozess, weil damit auch weitere soziale Leistungen verbunden waren (Wohnungsvergabe, Ferienplätze etc.).

Ich will eines nicht verhehlen: Ich war natürlich zu DDR-Zeiten, also mit meinem Eintritt in den Schuldienst, bin ich in die Gewerkschaft gegangen, damals die Gewerkschaft Unterricht und Erziehung war das gewesen, als Lehrerin, das war ja, das gehörte einfach dazu, ging in den Arbeitsprozess, und man organisierte sich auch in einer Gewerkschaft. Das hatte ja auch andere Seiten, also die Gewerkschaften waren ja zu DDR-Zeiten auch, unter anderem, in die Wohnungsvergabe mit involviert, in die Vergabe von Ferienplätze mit involviert, sodass man also auch als Gewerkschaftsmitglied nicht nur seinen Beitrag bezahlt hat und an den Gewerkschaftsversammlungen teilgenommen hat, sondern eben auch in diesem sozialen Kontext ja mit partizipiert hat.[92]

Peter Praikow

Die Arbeit der Einzelgewerkschaften ist laut Praikow, im Gegensatz zum FDGB, im betrieblichen Umfeld nicht wahrgenommen worden. Die gewerkschaftliche Arbeit der Einzelgewerkschaften war allein deshalb erheblich eingeschränkt, weil sie keine Finanzhoheit und keine personelle Hoheit hatten. Sie konnten zwar auf Probleme in den Betrieben hinweisen, Entscheidungsbefugnisse hatten sie aber nicht, wenngleich geringe Verhandlungsspielräume, zum Beispiel im Bereich Kultur- und Sozialfonds, bestanden.

Es gab, ich sage mal so, keine freie Bewegung für diese Industriegewerkschaften. Die waren weder personell eigenständig noch finanziell eigenständig. Das Geld ging nicht an die Industriegewerkschaft, sondern an den FDGB und der FDGB hat zugeteilt, und da

90 Transkript Weise, S. 5f.
91 Ebd., S. 42.
92 Transkript Stange, S. 6.

wurde bestimmt, beziehungsweise wahrscheinlich doch eher auf der Parteiseite wurde entschieden, was will ich mir denn da noch leisten als gewerkschaftliche Struktur. Das wird wohl eher der Entscheidungsumfang gewesen sein. Und insofern war auch immer nur der FDGB das Bild im Betrieb gegenüber den Beschäftigten, natürlich. Wenngleich ich gelernt habe in der praktischen Arbeit innerhalb der Industriegewerkschaft, dass es da schon Elemente gab, wo man ein Stück an der linken oder rechten Schraube drehen konnte, wenngleich das natürlich mehr als bescheiden war. Also das Thema Kultur- und Sozialfonds zum Beispiel, kann ich mich erinnern, da gab es ja die staatliche Plankommission, wo jetzt das Bundesfinanzministerium drin sitzt, da gab es Fünfjahrplan, Jahresplanung und die Situation war: Wie hoch ist der Kultur- und Sozialfonds für die Deutsche Post? Das war Thema in der staatlichen Plankommission. Aus diesem Fonds wurden dann die Mittel gespeist, die am Ende im Betrieb dazu geführt haben, ob denn tatsächlich, und da erinnerte ich mich wieder an das Thema neue Toiletten, wo das ankommt. Und da war ich schon mit einer Kollegin, Uta Pech, unterwegs in dieser staatlichen Plankommission, wo wir schon versucht haben, ich glaube, es ist uns sogar gelungen, an der einen oder anderen Stelle, die Zahlen ein Stück in die richtige Richtung zu drehen. Was dann natürlich am Ende hoffentlich im Betrieb auch tatsächlich angekommen ist, damit dort ein paar Mark mehr da sind, um auch solche Geschichten vernünftig herzustellen. Also so ganz bedeutungslos war die ganze Sache nicht, wenngleich die Möglichkeiten natürlich mehr als bescheiden waren da, ich sage mal, ein echtes gewerkschaftliches Handeln auszulösen, ganz zu schweigen von Entgeltgeschichten oder Streik, das war ja gleich gar kein Thema.[93]

Seine Arbeit bei der IG Transport und Nachrichtenwesen beurteilt er als sehr unbefriedigend.

Und dann war ich tatsächlich Mitglied im Zentralvorstand, für Jugend zuständig, wenngleich die Jugendarbeit in einer Industriegewerkschaft lachhaft war, was Jugendarbeit angeht. Also man hat sich getroffen mit Landesvertretern und hat darüber sinniert, was wir denn jetzt für die Jugend in den Betrieben tun, was aber die FDJ schon dreimal getan hat, eher eine ideologische Arbeit, als dass das irgendwo eine besondere Jugendarbeit gewesen wäre – unbefriedigend. [...] Solche Sachen verdrängt man auch irgendwie. Ich kann mich gar nicht mehr so ..., wenn ich so jetzt heute so darüber nachdenken sollte, was ich da den ganzen Tag gemacht habe, würde es mir schwerfallen, dass irgendwie zu rekonstruieren. Das ging in Richtung der Bedeutungslosigkeit.[94]

93 Transkript Praikow, S. 12.
94 Ebd., S. 13.

Sieglinde Merbitz

Auch Sieglinde Merbitz beschreibt die marginalisierte Rolle der Einzelgewerkschaften.

Jedes FDGB-Mitglied war ja auch Mitglied einer Einzelgewerkschaft, weil FDGB-Mitglied an sich gab es ja gar nicht, da war ja immer diese zugehörige Branche und wie hieß das – Mitarbeiter der Staatsorgane und Kommunalwirtschaft. So hießen die, die im FDGB beschäftigt waren, genauso wie bei der Sozialversicherung oder eben auch beim Rat der Stadt oder so, die waren in dieser Einzelgewerkschaft, aber die spielten ja als Branche, sagen wir mal, zu DDR-Zeiten, die Industriegewerkschaften und auch die anderen Gewerkschaften, spielten ja in dem Sinne gar nicht die Rolle. Die Politik wurde vom FDGB gemacht. Und sagen wir mal, eher so die betriebliche Betreuung, die lief über diese Einzelgewerkschaften, ob das dann auch die Betreuung der Vertrauensleute war oder im Bereich Arbeit und Löhne, die Dinge, die mit Arbeitsrecht zu tun hatten und Schichtversorgung und so was, das ging dann über die Einzelgewerkschaften. Aber so diese große Politik wurde ja über den FDGB vorgegeben und auch gemacht und die Kontakte auf kommunaler Ebene.[95]

Sie sieht die gewerkschaftliche Tätigkeit in der DDR, die einem Vergleich mit der Gewerkschaftsarbeit in der Bundesrepublik nicht standhält, als Selbstzweck.

Ja, und vielleicht noch, wenn ich das vergleiche, es war doch zu DDR-Zeiten Gewerkschaftsarbeit Selbstzweck, schmoren im eigenen Saft, wenn ich da denke, an sogenannte Sekretariatssitzungen, wo irgendwelche Papiervorlagen kamen und sich dann über dies oder jenes der Mund fusselig geredet wurde, aber im Prinzip stand die Beschlussvorlage, so und so ist abzustimmen, sowieso schon fest. Na, also das war doch alles schon mehr Schein und mehr Papierkrieg, um irgendwem, um irgendwelchen Anforderungen zu genügen, das so zu machen, und das war unterm Strich vertane Zeit.[96]

Peter Witte

Witte beschreibt die gewerkschaftliche Arbeit als stark begrenzt und auf die betriebliche Ebene bezogen. Die Tätigkeit der Einzelgewerkschaften wurde auf dieser Ebene nicht wahrgenommen.

Also, ich will mal so sagen, die gewerkschaftliche Arbeit im Energiekombinat, erst Ost-BEWAG, war für mein Empfinden mehr das Kleinteilige. Es war bezogen auf das Kombinat, auf das Unternehmen, auf die Abteilung, auf die Gewerkschaftsgruppe, auf den Vertrauensmann, auf den Arbeitsschutzobmann, die … Also mag sein, dass ich da zu wenig über den Kochtopfrand geguckt habe, die großen gewerkschaftlichen Zusammen-

95 Transkript Merbitz, S. 7 f.
96 Ebd., S. 37 ff.

hänge, ob da nun Harry Tisch oben oder die Annelies Kimmel[97] oder wer auch immer da residierte, das war für mich und für viele von uns im Energiekombinat zum Beispiel völlig belanglos. Wir hatten unseren BKV, den haben wir heiß diskutiert, wenn die Vertrauensleutevollversammlung war, oder haben es versucht im Vorfeld zu machen. Über den RKV haben wir schon kaum noch den Kopf zerbrochen, weil der wurde irgendwo da oben beschlossen und der war dann da. Viel Spielraum gab es sowieso nicht.[98]

Jutta Schmidt

Jutta Schmidt glaubt, dass auch in der DDR an der Basis Gewerkschaftsarbeit im Sinne der Vertretung von Arbeitnehmerrechten verstanden und betrieben wurde, allerdings war deren Reichweite durch die geltenden politischen Bedingungen entsprechend begrenzt. Die Gewerkschaften in der DDR hatten demnach grundsätzlich Alibi-Charakter.

Also ich sage mal, der durchschnittliche Vertrauensmann oder die durchschnittliche Vertrauensfrau in der DDR, die hat Gewerkschaft so ähnlich verstanden, obwohl sie von Staats wegen die Möglichkeiten überhaupt nicht hatte, wie der Vertrauensmann im Westen. Der hat die Gewerkschaft auch nicht verstanden als Transmissionsriemen der Partei oder so, sondern war immer der Meinung: »Ich bin jetzt hier euer Vertrauensmann, oder ich bin hier euer BGLer, und ich kümmer mich jetzt da mal drum. Und wenn die Norm zu hoch ist, dann gehe ich jetzt mal zum Meister und sag: ›So geht das nicht!‹ Ihr werdet hier ausgebeutet«, oder so in dieser Richtung, ja. Dass dann in dem Moment, wenn der Meister abgeblockt hat, seine Rechte zu Ende waren, dann hat er gesagt: »So, geht nicht anders Leute, ja.« Und dann war er genauso viel gefrustet wie seine Mitglieder, so. Aber die Gewerkschaft als Vertretung der Arbeitnehmerrechte, die kannst du natürlich nur wahrnehmen, wenn die politischen Rahmenbedingungen entsprechend sind. Und diese politischen Rahmenbedingungen, die waren natürlich im Osten nicht gegeben. Und (…) die (…) in den meisten Großbetrieben in der DDR haben sich auch die BGL-Vorsitzenden als verlängerter Arm vom Betriebsleiter und Parteisekretär verstanden. Bei uns im Institut, wir haben das manchmal umgedreht, wenn der Direktor ein bisschen kribbelig war, weil irgendwie die BGL wieder Vorstellungen hatte, die nicht so waren, dann haben wir den Parteisekretär nochmal in die Spur geschickt, ja. Das klappte dann auch ganz gut. Aber im Großen und Ganzen waren die Gewerkschaften ein Alibi, ja so.[99]

97 Annelies Kimmel (1934), vom 2.11. bis 9.12.1989 Vorsitzende des FDGB.
98 Transkript Witte, S. 58.
99 Transkript Schmidt, S. 39.

Die Erfahrung von Revolution und Umbruch

Das Gros der Interviewten unterstreicht die großen Hoffnungen und die Freude, die sie mit den Ereignissen des Herbst 1989 verbanden, auch wenn vereinzelt Ängste vor gewaltsamen Ausschreitungen und Zukunftssorgen hervortreten. Der Mauerfall am 9. November 1989 wird eher in den Gesamtkontext der Ereignisse eingereiht und erhält weniger den Stellenwert, den die Erinnerungspolitik ihm heute zuweist. Auch die Zielsetzung der deutschen Wiedervereinigung erfährt dabei eine Relativierung. Die neuen Freiheiten, insbesondere die Reisefreiheit und die Pressefreiheit werden sehr begrüßt, Anpassungsschwierigkeiten gibt es allerdings beim Umgang mit dem Überfluss an Konsumgütern.

Peter Schulze

Durch die Beteiligung an kritischen Diskussionen in der Hausgemeinschaft, mit angestoßen durch einen Nachbarn, dem Mitbegründer der Montagsdemonstrationen in Wernigerode, gelangte Schulze ebenfalls zu den Demonstranten. Auf den Mauerfall reagierte er positiv, betont aber, ähnlich wie Thomas Arnold und Renate Hürtgen, dass die Demonstrationen nicht auf die deutsche Einheit abzielten und er persönlich auch nicht ausreisen wollte. Grundsätzlich überwogen bei ihm im Herbst '89 die Hoffnungen auf einen Wandel in der DDR, allerdings gab es auch Ängste hinsichtlich eines möglichen Eingreifens der sowjetischen Streitkräfte.

Ich war kein Revolutionär der ersten Stunde, das muss man ganz deutlich sagen. Wir haben ... In meinem Haus wohnte ein Frauenarzt, der in Wernigerode so ein bisschen mit der Mitbegründer war der Montagsdemo. Wir haben viel dann auch abends zusammen gesprochen, sehr offen miteinander diskutiert und der hat mich dann mitgenommen zu der Montagsdemo. Heidenangst, wie ich das vorhin schon sagte, weil man wusste nie, was daraus passiert und dann bin ich dann auch mit ihm regelmäßig zu den Montagsdemos hingegangen. Wir haben dann viel miteinander diskutiert und ich bin dann im November, also irgendwo im Sommer habe ich dann mein Parteibuch abgegeben bei uns, also noch zu DDR-Zeiten. Und das gab dann noch mal ein großes »Hallo«, aber da waren dann schon auch die Montagsdemos in Leipzig sehr groß und breit geworden, da ist dann nicht mehr groß was erfolgt. Ja aber, ich sage, bei uns in der Firma war ich schon einer der Ersten, der sein Parteibuch abgegeben hat, aber das spielt auch keine Rolle.

[...]

Hall: Ja, gut, da sind wir ja schon direkt bei den Ereignissen dann '89 und da würde mich Ihre Reaktion auf den Mauerfall, der sehr spontan, sehr schnell passiert ist am 9. November, interessieren.

Schulze: Ich habe am 10. November Geburtstag und eine Geburtstagsfeier, da guckt man ja kein Fernsehen, nichts, aber nicht damals. Das Wichtigste am Tage war, um 19.30 Uhr die Aktuelle Kamera zu gucken, das war so die Nachrichtensendung der DDR, weil die hat sonst kein Mensch geguckt, weil so die großen Erfolgsmeldungen von der Erntefront oder von der Kohlefront immer da waren, das war also völlig uninteressant, aber zu der damaligen Zeit war das interessant. Da kamen jeden Tag irgendwelche neuen Meldungen durch. Das Erste war an meiner Geburtstagsfeier an dem Abend, wir sitzen am Tisch, das Abendbrot war schon gedeckt, aber Aktuelle Kamera haben wir da nochmal angemacht und dann kommt diese Sendung mit dem Schabowski und dann sagt der, dass man ab sofort ausreisen kann. Wir haben erst noch so ein bisschen diskutiert da. Wir haben das gar nicht richtig mitgekriegt und dann: »Hast du das nun gehört, was der gesagt hat?« Alles so in meinem Alter, damals noch junge Leute. Und dann haben wir erst mal ... Mein Nachbar hat Telefon gehabt, dann sind wir nochmal rüber und dann hat der telefoniert mit seinem Kumpels. Der hat einen Bruder, ich glaube ein Bruder war es, in Berlin: »Ja, das ist so und du musst mal erleben was hier los ist und die Leute sind alle auf der Straße und so.« – »Jetzt können wir deinen Geburtstag nicht feiern.« Ich sage: »Leute!!!« Na gut, dann haben wir meinen Geburtstag gefeiert und am nächsten Morgen haben wir uns dann alle Mann getroffen und dann sind wir am nächsten Morgen alle Mann zusammen mit Kind und Kegel Richtung Bad Harzburg gefahren, weil wenn der das sagt, dann wird das ja da auch so sein. Und da wurde dann so, da haben sie dann die Grenzen aufgemacht. Das war so einen Tag später und dann wurde da so eine provisorische Brücke gemacht über den Fluss und dann sind wir da am nächsten Tag das erste Mal in Bad Harzburg gewesen. Und das war so direkt nach der Grenzöffnung, das war die erste Reaktion darauf. Was im Betrieb, muss ich sagen, war dann täglich zu sehen, dass Leute nicht mehr zur Arbeit kamen, weil sie einfach nicht mehr da waren, weil sie dann die Zeit genutzt haben, so die Republik zu verlassen. Es war ja immer noch die Diskussion: Was wird das? Werden zwei deutsche Staaten parallel oder gibt es eine Union oder was auch immer? Und da hast du einige gehabt, die gesagt haben: »Nachher machen die das wieder zu. Hau mal lieber ab!« Es sind jeden Tag Leute weg gewesen. Das war nie meine Absicht. Wir haben gesagt: »Wir wollen mehr Freiheiten in diesem Land haben!«, aber ich wollte nie das Land verlassen, ja. Ja, war schon spannend.

Hall: Gab es denn auch da Hoffnungen und Erwartungen, aber vielleicht auch Ängste oder Skepsis auch, die da in dieser Zeit dann, auch mit dem Mauerfall, wenn Sie sagten, das war ja alles ein bisschen irrational doch teilweise, was da ablief. Wie schätzen Sie das ein?

Schulze: Gut, wie gesagt, wir haben so einen kleinen Gesprächskreis gehabt bei uns im Haus, wo wir uns dann so fast jeden Abend im Keller getroffen haben und haben dann so untereinander diskutiert. Und dann gab es, klar gab es dann Diskussionen: »Na, ob die Russen das mitmachen, was hier abläuft, ob die da nicht ...« Klar gab es da auch Ängste, na klar, gab es auch Ängste, aber ich denke mal, die Hoffnungen haben überwogen, was wir ... Also alle Diskussionen bei uns bezogen sich nie darauf, einen gemeinsamen deutschen Staat ..., sondern bezog sich zu dem damaligen Zeitpunkt ausschließlich, ausschließlich darauf: »Wir wollen in diesem Land demokratische Freiheiten haben! Wir wollen ... die sagen immer, wir sind der Arbeiter- und Bauernstaat, ja und dann sperren sie die Arbeiter und Bauern ein, weil sie Angst haben, die laufen denen sonst weg.« Also ganz einfach, solche einfachen Dinge: Reisefreiheit, Pressefreiheit, dass man sagen kann, was man will, das waren so die Dinge, die wir diskutiert haben. Die weitere Entwicklung, wie sie dann kam, muss ich sagen, hat uns auch so ein bisschen überrollt dann, so in der ... Ich finde es heute toll, dass das so ist, das ist eine super Geschichte, aber das war damals nicht so das Ziel, das Interesse.

Hall: Diese Gruppe, mit der Sie da zu tun hatten oder in der Sie sich bewegten, das waren dann Kolleginnen/Kollegen oder auch dieser ...

Schulze: Nein, das waren Mitbewohner. Das war, wie gesagt, der Frauenarzt, dann war ein Schlosser aus dem Elektromotorenwerk, es war ein Kraftfahrer dabei, es war noch ein Kollege aus meinem Betrieb dabei, also war so eine Truppe von zehn, zwölf Leuten, die da in diesem Neubaublock in dem Eingang gewohnt haben. Wir sind da mal zusammen eingezogen in dieses Haus und haben dann zusammen so ein bisschen die Außenanlagen gemacht, dadurch hat man sich persönlich ein bisschen kennengelernt und dann hat man spontan mal so alle drei, vier Monate hat man sich mal zu so einer gemeinsamen Fete zusammengesetzt. Es hat so ein bisschen die Nachbarschaft so ein bisschen erhalten. Und wenn im Frühjahr sauber zu machen war, dann sind sie eben alle da gewesen, danach wurde noch ein Gläschen Bier getrunken, und in dieser Zeit, in dieser Wendezeit da hat sich da dann, na wir waren immer so sechs, sieben Leute, die dann auch Abends sich da getroffen haben, dann einfach auch mal so über die Politik geredet haben: »Hast du das mitgekriegt, was da passiert ist?!« Dann gab es ja dann nach der Grenzöffnung ... war der spannendste Sender war immer ... wenn DT64 so seine Interviews gebracht hat. Die haben dann das erste Mal Wandlitz aufgesucht. Und dann haben wir diskutiert: »Habt ihr das gesehen, wie unsere Regierung da wohnt?« Wenn man heute das mit Abstand sieht, sagt man: »Ja gut, ein Mittelständler würde sich mit solchen Hütten nicht zufriedengeben.« Aber das war eben damals eine Situation, dass ... uns predigt man, wir müssen alle bescheiden sein und wir bauen alle am Sozialismus, und sie selbst machen sich da Burgen hin. Das war schon auch eine große Enttäuschung da gegenüber unseren Regierenden.[100]

Eva-Maria Stange

Eva-Maria Stange hatte im Herbst '89 Angst um ihre Familie, weil damals auch nicht absehbar war, welche Gewaltbereitschaft auf staatlicher wie oppositioneller Seite vorhanden war. Sie beschreibt ihre damalige Grundstimmung mit einer großen Unsicherheit vor dem, was die Zukunft bringen würde.

Also, 1989, das ging ja schon im Frühling, Sommer dann vor allen Dingen los, bis in den Oktober hinein. Aber vor allen Dingen da im Frühling, Sommer war schon eine sehr große Unruhe innerhalb der Pädagogischen Hochschule, aber eher die allgemeine

100 Transkript Schulze, S. 15–18.

Unruhe, die innerhalb der Gesellschaft auch herrschte, ja. Wandert man jetzt mit aus, also fährt man mit nach Ungarn, oder bleibt man da? Wie hält man den … Was wird morgen aus der Pädagogischen Hochschule? Also, es gab eine sehr große Unruhe, Ungewissheit, Unsicherheit, die auch innerhalb der PH existierte, aber die war ja in der Gesellschaft insgesamt vorhanden: Was wird die Zukunft bringen? Was macht die mit mir? Was macht die mit meiner Familie? Was macht die mit der Gesellschaft hier? Und, also, das war schon sehr beunruhigend, das hat eigentlich auch den Betrieb ziemlich lahmgelegt, um es mal so zu sagen, außer, dass natürlich die Lehrveranstaltungen fortgesetzt worden sind. Aber ich kann das jedenfalls für meinen Forschungsbereich sagen, da ist vieles eingestellt worden dann, wo man einfach in Warteposition gegangen ist, und es sind ja auch Kollegen dann nach Ungarn weg, klar und dann, das war ja viel Unsicherheit dann auch. Man wusste nicht, wie wird die Staatssicherheit reagieren, also gerade diese … In Dresden ist ja sehr viel auch passiert mit den Demonstrationen, und es war unklar: Wie sieht die Gewaltbereitschaft aus, von beiden Seiten jetzt, also eskaliert das Ganze? Also, das ist so das, wie gesagt, ich habe drei Kinder, man ist da natürlich auch besonders besorgt um die Kinder. Pikanterweise war mein Mann, der war ja an der Technischen Universität Dresden dort als Hochschuldozent tätig gewesen und war gerade in der Zeit um den 7. Oktober rum, von Anfang Oktober bis zum 10. Oktober, war er in Japan, hatte dort einen Aufenthalt in Japan, also aus der Hochschule heraus über den Deutschen Akademischen Austauschdienst und kam dann am 10. Oktober hier wieder und sagte: »Sag mal, was ist denn hier los?«, weil er ja nun aus der Ferne so gut … das Erste, was er wieder in den Händen hatte, war dann irgendwie beim Flugzeugumstieg in Moskau, dass da Unruhen sind und so weiter. Und kam dann also wieder, hatte faktisch davon gar nicht so sehr viel dann mitgekriegt in dieser Zeit, also wo es dann besonders heiß herging, und war vollkommen also ahnungslos, informationslos, aber auch überrascht, wie schnell das alles ging dann, also wie schnell dann doch die Entwicklung vorangeschritten ist. Also, wenn man es mit einem Wort beschreibt, war es einfach Unsicherheit, eine hohe Unsicherheit.[101]

Auf den Mauerfall am 9. November 1989 reagierte sie eher zurückhaltend.

Ich meine, es gibt ganz viele, die sagen, sie waren euphorisch. Gut, am Fernseher kann man, weiß ich nicht, kann man nicht so euphorisch sein, zumal bis zu diesem Zeitpunkt ja auch nicht klar war, was passiert denn dann eigentlich danach. […] weil ich habe auch, habe übrigens auch eine Halbschwester im Westen, und wir haben, als ich noch bei meinen Eltern gelebt habe, gab es dann immer mal diese berühmten Weihnachtspakete und so. Und ich wusste, dass es denen auch nicht so gut geht dort. Und mein Mann war einmal in Aachen, über den Deutschen Akademischen Austauschdienst dann in Japan noch gewesen. Ich hatte nicht, wie vielleicht manch anderer, ich hatte nicht die Illusion, dass jetzt die große Befreiung kommt oder dass jetzt der »Goldene Westen« kommt oder wie

101 Transkript Stange, S. 12f.

auch immer, sondern für mich war das oder für meine Familie, auch insgesamt, war das schon eine sehr unsichere Situation, also unsicher im Sinne von: Was passiert denn jetzt eigentlich? Wie wird sich die Gesellschaft weiterentwickeln? Wie wird das System aussehen? Also, weil wir ja mitten in so einer Veränderung drin waren, kann ich nicht sagen, dass es Euphorie war, sondern es war das Gefühl, erst mal ziemlich hilflos zu sein, und auch sehr unsicher zu sein, was die Zukunft anbelangt. Also das ist das, was uns damals geprägt hat.[102]

Gerhard Weise

Der DDR trauert er nicht nach, obwohl er durchaus von diesem System profitiert hatte. Der Überfluss und die Konsumgesellschaft schreckten ihn ab, die neue Reisefreiheit begrüßte er jedoch sehr. Auch über die verbesserten Arbeitsbedingungen (neue komfortablere Baumaschinen) war er froh.

Und für mich war mit der Wende nicht ein Zusammenbruch in der Seele. Also ich sage mal, was manche gesagt haben oder wie manch einer heute noch der DDR nachweint. Ich weine nicht nach, ich würde auch nicht nachweinen. Sie hat uns geformt. Sie hatte jeden so geformt, wie er eigentlich selber sich hat formen lassen. Jeder ist in ein System eingebunden, jeder muss das System nehmen, wie es ist. Es gibt in jedem System Andersdenkende, auch das sieht man, wie teilweise jetzt mit Andersdenkenden oder wie vorher mit Andersdenkenden … also mit denen, die ich kenne, wo ich es weiß, da weiß ich auch, was passiert ist. Dem glaube ich auch, weil ich es gesehen habe.[103]

[…] So, und ich bin das erste Mal '89 dann zur Weihnachtszeit rübergefahren und war eigentlich am Anfang geblendet, muss ich sagen. Also, ich sage, wenn du da nach Braunschweig rein, weil ich mir auch eine Mütze gemacht habe, dann kamen irgendwelche Prospekte, wo du dich in Braunschweig hinstellen kannst mit dem Auto und da irgendwo an so ein Werk und dann dass öffentliche Verkehrsmittel dich dann an das Rathaus runterfahren … […] Jedenfalls die Kinder waren alle unterwegs. Ich bin mit meiner Frau alleine, wie gesagt, nach Braunschweig und dann die Ladenstraße, wo uns die Straßenbahn da abgesetzt hat, durch, also da hast du erst mal vor lauter Glitzer und Glimmer gar nichts erkannt, muss ich so sagen. Also das war für mich, das war kein Schock, aber wenn du das normale, die normale Ladenbeleuchtung so kennst, wie du sie nun in der DDR [hattest] oder bist ins Zentrum-Warenhaus gegangen oder hast da … So, dann bist du schon die Ladenstraße Richtung Rathaus gegangen, dann warst du schon beim Bäcker und dann hat mich als Erstes, muss ich so sagen, hat mich dieses Brötchen genervt, was ja dann gleich irgendwo, glaube ich, 40 Pfennig schon gekostet hatte. So, und dann hast

102 Ebd., S. 14f.
103 Transkript Weise, S. 20.

du reingebissen und dann waren die ganzen Krümel auf der Straße, das war eigentlich für mich schon nervig. So und dann zum Rathaus, wie gesagt, und dort, sage ich mal, haben wir unser Geld in Empfang genommen und, wie gesagt, dann haben sie uns ja überhäuft mit Orangen und Weihnachtsschokolade oder irgendwas. So, und das Geld, muss ich so sagen, damit sieht man eigentlich, dass ich nicht in Euphorie verfallen bin, ich brauchte dann zum 1. Juli, wo das Geld kam, brauchte ich kein Starterset. Diese 100 Mark hatten wir beide noch in der Tasche, meine Frau und ich. Die gab es noch komplett, also ich habe mich nicht verführen lassen, irgendwo da irgendwelchen Schnickschnack zu kaufen, den jeder Händler irgendwo angeboten hatte und jeder Preis billiger wurde.[104]

[...]Also, wenn ich die BGL-Zeit jetzt, wenn ich jetzt die BGL-Zeit mal nicht sehe oder würde mich jetzt sehen (...) als Raupenfahrer oder als Gräderfahrer 1989, wenn ich das auf diese Richtung sehe, waren das natürlich Welten. Ich bin ja nicht aus der Welt gewesen, ansonsten hätte ich mich nicht orientiert, nach fast zehn Jahren »Auszeit«, als Büroarbeit, hätte ich mich nicht wieder orientiert auf meinen Baumaschinenführer oder Baumaschinist. Es waren Welten, man hat es gelernt gehabt und hat mit der neuen Technik, also mit der Herausforderung der neuen Technik 1990/91, hat man bestens damit arbeiten können. Das war eigentlich das Herausragendste, wo du vorher überlegt hast: Wie machst du das? Es gab eben Technik, und wir hatten eben auch die Firma, die sie geholt hat, also das waren keine Vergleiche mehr, die du noch bis '89, wo du gesagt hast, mit der Bewertung oder mit der Ausmusterung oder irgendwas, die Maschinen, die weggekommen sind, also das war für mich eigentlich das Weltbewegende, dass du in Maschinen gesessen hast, die ordentlich beheizt waren, dass sie neu waren, dass eine Polsterung drinnen war, in jedem fast oder irgendwas, was neu gekommen ist, es gab ja auch alte Geräte manchmal, wo du auch noch ... aber das war eben die Ausnahme zu dem Zeitpunkt, also das war für mich, also wie ein Weltwunder.[105]

Peter Witte

Peter Witte erinnert die Ereignisse des Herbstes 1989 einschließlich des Mauerfalls als grundsätzlich positiv, als »Befreiung«.

Also, ich muss sagen, wenn ich das jetzt so rekapituliere, ich hatte nie Ängste. (...) Ich hatte die Hoffnung, dass wir nun endlich ... die Welt wieder offen ist für uns, dass dieses Ganze, ich hatte ja geschildert, dass ich in einem Bereich gearbeitet habe und sogar Verantwortung getragen habe, der gelitten hat, aber wirklich im wahrsten Sinne des Wortes gelitten hat, unter der materiell-technischen Situation, in der wir gestanden haben. Wir hatten, wenn man so will, alle die Ahnung, dass es so wie es bislang ging, nicht mehr

104 Ebd., S. 17f.
105 Ebd., S. 40f.

lange weitergehen konnte, und insofern war das wie eine Erlösung, wie eine Befreiung, im wahrsten Sinne des Wortes.[106]

Peter Praikow

Peter Praikow sieht den Umbruch als zwangsläufig und notwendig. Er stand dem Mauerfall einerseits wenig euphorisch gegenüber, weil er die Situation in der Bundesrepublik durch Kontakte mit jungen Kolleginnen und Kollegen kannte, war andererseits aber auch hoffnungsfroh.

Hall: Wie haben Sie denn auf den Mauerfall reagiert?

Praikow: Gelassen! Also ich war nicht derjenige, der dann gleich hinfahren und gleich rüber und … Das war nicht unbedingt jetzt so die Situation. Das war schon: »Naja, was kommt denn jetzt? Mal schauen«, also so war das Thema schon. Und dass … ich sage mal so, das war nicht nur jetzt: »Na toll, schön, jetzt gucken wir mal«, sondern das war irgendwo schon das Bewusstsein, dass die schöne Glitzerwelt erst einmal verdient sein muss. Und das war irgendwie … Wahrscheinlich bin ich da so weit weg von der Euphorie gewesen, dass mir klar war, dass es da irgendwo eine Freiheit gibt, die man sich dann aber auch leisten können muss. Also das war mir schon ein Stück weit klar.

Hall: Also gefühlsmäßig, was überwog: Hoffnung und Positives oder eher Skepsis und Ängste?

Praikow: Nein, es überwog schon die Hoffnung, dass das Grau in Grau von dem Bunten abgelöst wird. Also ich war ja schon im Zuge der Jugendarbeit zwei-, dreimal, also zweimal in Westdeutschland, '87 und '88, und'89 war ich in England, '89, ja, im September, genau. Und insofern kannte ich ja die bunte Glitzerwelt, wahrscheinlich war ich deshalb da so etwas ruhiger und gelassener, und ich wusste auch durch ziemlich enge Kontakte mit jungen Kolleginnen und Kollegen aus Westdeutschland, dass das nicht nur bunte Glitzerwelt war, wahrscheinlich war deshalb meine Euphorie nicht ganz so groß.[107]

Wolfgang Weber

Wolfgang Weber begrüßte den Mauerfall sehr und besuchte zeitnah die Orte, die er als Kind in West-Berlin noch erlebt hatte. Mit der Wiedervereinigung verband er den Wunsch, dass die Deutschen trotz ihrer Vergangenheit wieder als gemeinsames, »normales« Volk in der Welt akzeptiert werden. Die neuen Konsummöglichkeiten und die Reisefreiheit empfand er als positiv.

Aber ich habe diese Plätze aufgesucht, wo ich früher mit Freunden gespielt hatte. Ich habe mich wahnsinnig gefreut, dass wir ein einiges Deutschland hatten, ja. Das war zwar

106 Transkript Witte, S. 22.
107 Transkript Praikow, S. 20.

noch ein Stück Weg bis dahin, aber ja voll erkennbar, dass wir da ankommen, dass wir keine Grenze mehr in Deutschland haben werden. Das war fantastisch, ich kann es nur so sagen. Man war eine Emotionsrakete. (…) Aber man fand da auch keine Worte, die finde ich heute noch nicht mal, dazu, wie man das beschreiben soll. Deswegen sage ich so, eine richtige Emotionsrakete, man hat das genossen, man … Die Menschen auf der Straße, wie die miteinander umgegangen sind, fantastisch, das wird es nie wieder geben, leider Gottes, leider, leider. Das wünsche ich jedem, dass er so was mal erleben kann.

Hall: Welche Hoffnungen und Erwartungen, aber auch welche Skepsis und Ängste haben Sie denn möglicherweise mit diesem Umbruch verbunden?

Weber: Eines muss ich ganz deutlich sagen: Eine Angst hatte ich nicht. Ich habe eigentlich richtige Angst nur davor, wenn man in so großen … also Angst ist dann vielleicht auch nicht der richtige Begriff dafür, aber ich gehe nicht gerne in solchen Massen, wo eben Druckpotenzial drin ist, also wo wirklich was passieren kann, da wird man mich nicht finden. Das liebe ich nicht. Ich liebe es auch nicht, auf einem vollen Bahnsteig an der Kante zu stehen, macht wahrscheinlich jeder nicht gerne. Verbunden habe ich damit den Wunsch, dass wir als eine Nation wieder normal unter allen Völkern auftreten können, weil die Erziehung, die ich genossen habe, durchs Elternhaus, wie gesagt, mein Vater hat zwei Kriege erlebt, im ersten war er bei den Luftschiffern und beim zweiten musste er zum Glück nicht in den Schützengraben, da wollten sie ihn nur nachher, kurz vor Toreschluss, noch zum Volkssturm holen, das hat mich geprägt, und ich muss auch sagen, mich hat auch das geprägt, was man mit den Juden gemacht hat, das ist mir unter die Haut gegangen. Ich war in Buchenwald, ohne Schulklasse und habe mir das Mahnmal alleine angesehen, das machen wahrscheinlich wenige Menschen. Ich war dann auch bei meinem Israelbesuch auf dem Har Herzl[108], da habe ich Wünsche mit verbunden, dass wir als normale Menschen, als normales Volk wieder akzeptiert werden und weg von diesen dunklen Zeiten, die unsere Generation, vor uns erlebt haben. Das war mein einer Wunsch, mein anderer Wunsch, der da auch eine untergeordnete Rolle, aber doch eine Rolle gespielt hat: Ich habe mich darauf gefreut, das ich mal wieder in Läden gehen kann, die voll sind, also wo man was kaufen kann. Ich habe es erlebt, während der DDR-Zeit, dass ich freitags Brot kaufen wollte, bei mir da in der Kaufhalle, da in der Heinrich-Heine-Straße, da war nicht mal mehr ein Brot da. Ich habe, weil ich das so gewohnt war, das auch dann deutlich von mir gegeben da. Darauf habe ich mich auch gefreut und ich habe mich ganz, ganz, ganz, ganz doll auf die Reisemöglichkeiten gefreut. Ich wollte immer mal nach Paris, ich wollte mal nach England, ich wollte nach Norwegen.[109]

108 Har Herzl (Herzlberg), benannt nach dem Begründer des politischen Zionismus Theodor Herzl, Nationalfriedhof in Jerusalem.

109 Transkript Weber, S. 21 f.

Sieglinde Merbitz

Sieglinde Merbitz empfand keine persönlichen Ängste durch den Umbruch. Sie glaubte vielmehr an eine günstige Basis für gewerkschaftliche Reformen in der DDR.

Persönliche Angst (…) hatte ich nicht, eher die Ungewissheit: Was passiert jetzt (…), wie soll das enden, was soll das werden? Aber ich habe für mich auch schon relativ schnell erkannt, und das hat mir mein Sohn immer von diesem Tag dann späterhin mal berichtet, dass ich da so ganz kühn zu dem gesagt habe, der war damals so 13, 14: »Du pass mal auf, das dauert nicht lange, dann ist das F hier verschwunden beim FDGB.« Also so und da hat er immer gesagt, später: »Wieso hast denn du das gewusst?« Aber sagen wir dann mal auch, die Kontakte zu Kollegen, die im Bürgerkomitee in Leipzig zugange waren, haben mir da ziemlich schnell doch deutlich gemacht, dass es so, wie es bisher war, nicht weitergehen konnte, und dass es aber auch keinen richtigen Plan gab, wie soll es denn überhaupt passieren. So und da habe ich für mich so gedacht: »Man muss sich jetzt eigentlich beteiligen und alles irgendwo geben, dass man …, dass das hier auch in Friede und geordnet sich weiter vollzieht, und die Möglichkeiten ganz einfach nutzen, die sich da ergeben haben.« Und da war ja Leipzig wirklich eine gute Möglichkeit. Es gab ja diese offenen Diskussionen rund um den Karl-Marx-Platz damals, im Gewandhaus, an der Uni und überall konnte man sich da einbringen und man war erstaunt, welche guten, ja, Argumente auch die Leute hervorgebracht haben und die Ideen, wie es besser gehen konnte. Also, das war dann auch schon so ein Stück Aufbruchsstimmung da. Für mich persönlich … also nicht jetzt irgendwie, dass ich gesagt habe: »Oh, jetzt musst du zusehen, dass du irgendwie was anderes machst!«, oder so, nein überhaupt nicht, weil ich dann auch dachte: »Die Gewerkschaften haben dann eigentlich eine gute Basis, sich auch von selbst zu reformieren«, weil ich denke, gerade das, was ich dann auch bei der IG Metall der DDR mitbekommen habe, man war da ja wirklich an den Problemen viel dichter dran, man wusste viel besser, welche Nöte und Sorgen es da auch in den Betrieben gegeben hat und wie es aussah mit der Schichtversorgung und mit dem Nahverkehr und alles, was auch bei den Kollegen auf, wirklich, Frust gestoßen ist, und Materialmangel und was weiß ich alles, wo man irgendwo gesehen hat, es muss weitergehen. Und da dachte ich eigentlich auch noch … und da gab es dann hier in Leipzig auch (…) eine solche Initiative, sich unabhängig zu machen, vom FDGB.[110]

Die Anpassung an die Bundesrepublik fiel ihr schwer, besonders was die neue Konsumgesellschaft anbetraf.

Also, ich sage es erst mal noch ganz persönlich: Mir ist es schwergefallen, in dieser Bundesrepublik (…) heimisch zu werden. Das fing alleine an mit der Währungsunion. Ich konnte in der ersten Zeit überhaupt dieses Geld nicht ausgeben, was da plötzlich da

110 Transkript Merbitz, S. 8 f.

war, diese D-Mark. Wo andere losgerannt sind und kaufen konnten, hatte ich eine richtige Hemmung, und noch mehr Hemmung hatte ich, diese D-Mark zu benutzen, um zum Beispiel Waren des täglichen Bedarfs zu kaufen, von Butter und Milch und Brot, dafür die D-Mark auszugeben, weil die D-Mark für uns Ossis ja irgendwas Besonderes war. Ich gehörte zu denen, die nie eine vorneweg hatten, aber die wusste, wie wichtig die war. Alleine, als mein Kind eingeschult wurde, und er irgend so ein Matchboxauto auf [seine] Schultüte haben wollte und ich die nicht hatte, aber mit ihm im Urlaub war und dort Leute kennengelernt habe, denen der das erzählt hat, er braucht unbedingt so ein … und diese Leute mir fünf D-Mark geschickt haben, damit ich dem Kind so ein blödes Matchboxauto aus dem Intershop kaufen konnte, damit er das auch auf der Schultüte hatte, war dieses Geld irgendwas Besonderes und für mich einfach nicht ausgebbar, irgendwie. Das hat sich mittlerweile geändert, aber trotzdem so, auch sagen wir mal, in den Supermärkten einkaufen, ich gehe so gut wie nicht einkaufen, das macht mein Mann. Da habe ich nach wie vor … irgendwie ist das, ist mir dieses Konsumhafte irgendwie ziemlich heftig. Aber das sind so richtig meine ganz, ganz persönlichen Befindlichkeiten, die ich so mit der Wende habe.[111]

Renate Hürtgen

Renate Hürtgen hegte mit den Ereignissen des Herbst 1989 die Erwartungen, dass die alten SED-Machtstrukturen zusammenbrechen, was sich auch erfüllte. Ihre Hoffnung auf die Entwicklung von etwas Neuem (basisdemokratische Interessenvertretung und Mitbestimmung) wurde aber enttäuscht. Wie auch Thomas Arnold und Peter Schulze hervorheben, war die deutsche Einheit nicht das Ziel der Opposition in der DDR; nachdem das Ziel der Einheit feststand, war Hürtgen gegen einen schnellen Einigungsprozess, um ein größeres Zeitfenster für die Schaffung gemeinsamer, neuer Strukturen zu erhalten.

Hall: […] Dann würde ich jetzt in den Themenbereich Herbst 1989 gerne übergehen und da ja ganz konkret nach Ihren Hoffnungen, Erwartungen, aber auch nach Skepsis und Ängsten fragen, die Sie mit diesen Ereignissen dort 1989 verbunden haben. Sie waren ja sehr früh da schon involviert, haben ja auch den Puls da schon gefühlt, wenn man das mal so ausdrücken darf. Was haben Sie empfunden dabei?

Hürtgen: Freude, blanke Freude, also war sicherlich auch so biografisch gesehen die schönste Zeit des Lebens, mit (…) Also das ist immer, ich weiß, die klassische Antwort ist: »Mit großen Erwartungen, aber leider sind sie nicht erfüllt.« Das ist ein bisschen anders bei mir, weil die Erwartungen waren, meine Erwartungen, sagen wir mal im Spätsommer/Herbst '89: Ich hatte nicht das Bild der Entwicklung vor Augen. Also, ich hatte nicht ein Bild vor Augen, wo ich sage: »Da will ich hin oder so soll es einmal aussehen!«, weil dann

111 Ebd., S. 33.

können … klar, dann ist man enttäuscht: »Es sieht nun nicht so aus.« Ich hatte das so nicht. Ich hatte eine große … Ich habe aus dem Augenblick heraus, ich habe nur bemerkt, jetzt geht was los, jetzt kann man was machen, jetzt bewegt sich was und vor allem, was für mich das Allerschönste war, die Leute gehen aus sich heraus, sie reden, sie reden auf Plätzen öffentlich, sie reden in ihren Büros, sie machen etwas, sie riskieren etwas, sie … also erst die Demonstrationen, dann nachher die ganzen Dialoge, die geführt wurden, die auf den Plätzen hier, dann, wie gesagt, in der IUG, in den Büros da. Dieses zum ersten Mal auftreten und reflektieren, wie man aktiv werden könnte, was man machen könnte, wie man sich vertreten kann. Also das passierte ja auch in der ganzen Gesellschaft. Das war für mich also das Allerwichtigste, was mich da so beschäftigt hat. Und da hatte ich natürlich, ich hatte die Erwartungshaltung klar, dass die Strukturen zusammenbrechen, also hier dass die Partei zusammenbricht. Ich hatte die Erwartung, dass … Also diese Erwartungen hatte ich und die sind ja auch alle erfüllt worden. Ich hatte also die Hoffnung, dass es, oder die Angst, wie mehrere, da könne sich vielleicht doch wieder so im Januar was zurückentwickeln, die könnten wieder ihre Macht festigen und war froh, als dann die Sache weitergetrieben wurde. Also das sind so eigentlich … Das ist die Stimmung, die mich in dieser Zeit so begleitet hat. Und gut und dann war natürlich, das ist richtig, das wäre doch schon so etwas wie eine Hoffnung auf ein bestimmtes Bild. Ich hatte ganz früh, nein, mein Mann hat es damals gemacht, der ist Musiker, der hat so ein Lied geschrieben nach der Melodie »Jetzt wird wieder in die Hände gespuckt« hat er irgendwie »Sozialismus von unten« …, wobei muss man immer aufpassen, ja diese Begriffe jeder … jeden Begriff muss man sich angucken, in welcher Zeit wird er geäußert. Und hier war einfach gemeint: Jetzt ist was angebrochen und jetzt besteht eine Chance, dass sich irgendwas entwickelt, wo Leute ja sich selber organisieren, sich selber vertreten. Ich hatte nicht, das gab es auch, ich hatte nicht, sagen wir mal, irgendwie eine klassische Räterepublik vor Augen, so was gar nicht. Das hätte ich auch aus vielen Gründen nicht gehabt, aber auch aus realistischen nicht. Aber ich hatte die Hoffnung, das ist wahr, dass zum Beispiel eine Interessenvertretung entsteht, die eben wirklich von unten kommt, wo sich nicht gleich wieder so ein großer Apparat drüberstülpt, der sich irgendwie verselbstständigt, sondern wo also wirklich eine Bewegung da ist, wie eben eine soziale Bewegung auch, die sich selber trägt, die etwas bewirkt, die zum Beispiel auch die Mitbestimmungsrechte erweitert, also mehr als so … auch das wusste ich ja nun schon, was da möglich ist im Westen, etwas mehr möglich ist. Das ist wahr, so eine Hoffnung hatte ich. Also ich hatte die Hoffnung, dass … nein das ist jetzt wieder aus heutiger Sicht, aber ich sage es trotzdem mal, aus heutiger Sicht formuliert, so rum vielleicht dann gesagt: Ich hätte schon ganz doll gehofft, dass dieser Prozess dieses Aufbegehrens, des sich Kümmerns – überall wurden Kommissionen gegründet, dass sich alle Leute … Medientische, Runde Tische, es war wirklich so eine allgemeine Aufbruchsstimmung, was so das Mittun und die Selbstorganisation betrifft – und da habe ich schon gehofft, dass diese Zeit mindestens länger dauert, mindestens vielleicht so ein Jahr oder zwei, dass man … Ja, das war so ein Lernprozess, der da so begann. Das ist richtig und das ist im gewissen Sinne enttäuscht worden so. Also insofern: Ich gehöre nicht zu denen … Ich hatte zwar auch die deutsche Einheit nicht forciert, weil ich hätte mir gewünscht, dass – und zwar auch unter diesem Aspekt, den ich eben genannt habe, dass dieser Prozess der Eigenständigkeit länger dauert, weil dann eben solche Lernprozesse ja vielleicht auch länger gedauert hätten, weiß ich nicht, vielleicht wäre es auch anders dann verlaufen, aber das ist wahr. Ich war also nicht dafür, sofort eine Einheit herzustellen … weil das war mir schon klar, dass dann dieser Prozess abgebrochen wird. Weil dann, klar, dann kommen die vorhandenen Strukturen und dann ist Schluss mit lustig. Und insofern war da eine gewisse Enttäuschung, aber ich gehöre nicht zu denen, die gesagt haben: »Mit der deutschen Einheit …«, also wie soll ich sagen, ich hatte nicht irgendwie Angst vor der deutschen Einheit im Sinne von: »Ich will ja hier einen wahren Sozialismus und jetzt kommt da der Kapitalismus.« Solche Gedanken hatte ich nicht, weil ich habe das eine weder für den Sozialismus gehalten und hätte auch nicht gedacht, dass man jetzt da in eine alternative Gesellschaft überwechselt, das hatte … Darum war für mich jetzt die Situation, dass diese Gesellschaftsordnung dominiert, nicht der große Schreck, weil ich … Nur der große Schreck war der, dass wir nicht in der Lage waren, über die Entwicklung in der DDR, sagen wir mal, einen Schub in so eine basisdemokratische Richtung zu geben. […] Dominant für diese Zeit war Freude. Ich hatte auch keine Angst vor der Entwicklung, so im Sinne von: »Oh je!«, oder so, sondern es war einfach ja Freude zu sehen, was sich hier bewegt, wie die Gesichter … Die Gesichter änderten sich, auf der Straße die Leute liefen, man guckte sich plötzlich an. Die sahen alle nicht mehr so grau aus. Es war wirklich, es war sehr schön. Ganz toll![112]

Renate Hürtgen bewertet den 9. November 1989 nicht als das entscheidende Datum für die Ziele der Bürgerbewegung:

[…] die Bedeutung, die es so landläufig heute hat, auch natürlich durch Medien, da ist es ja teilweise so, … als wäre sozusagen der Mauerfall synonym mit der Revolution oder mit der Wende. Und das ist gemein, weil erstens ist es gemein, weil es natürlich diese ganze Frage der Demonstrationen, der Aktivität der Massen, so auf einmal so, als wenn, weil die Mauer auf ist und da irgend so ein Idiot, da Schabowski, den falschen Satz sagt, … Nein, erst mal ist das gemein und zweitens stimmt es so gar nicht überein, mit dem Gefühl von damals. […] Das sind immer diese üblichen Meistererzählungen, die dann so in der Geschichtswissenschaft … dann wird die Geschichte so auf das Ganze, auf die deutsche Einheit zu gedacht und dann bekommt es auf einem Mal diesen Stellenwert. […] Und ich bin noch ein besonderer Fall, weil ich nun besonders aktiv da war und so. So dass man sagen muss, es war natürlich, klar, eine wichtige Angelegenheit, aber nicht das Ding in meinem politischen oder in meinem Leben dort in diesem Herbst. Da gab es andere. Ich glaube der Honecker-Sturz selber war, glaube ich … Oder zum Beispiel die Demo am

112 Transkript Hürtgen, S. 32–35.

7. November[113], als dann hier geprügelt wurde, meine Tochter war dabei, wo aber auch irgendwie klar wurde, jetzt passiert was, war ja das erste Mal … Also so was ist mir … Ist viel tiefer in mir drin.«[114]

Hürtgen zieht trotz einiger negativer Aspekte (Trennung von ihrem Mann) ein positives Fazit der biografischen Zäsur 1989/90.

Also für mich ist das immer wie so ein zweiter Lebensabschnitt. Einer, den ich nicht missen möchte. Einer, der wirklich, also immer davor-danach, aber einer, der mich in jeder Hinsicht bereichert hat, nicht nur sinnlich, weil man auf einmal so viele Obstsorten hatte und Teesorten, Brotsorten, auch im Winter Obst. Was aber übrigens eine Rolle spielt, also ich will das gar nicht lächerlich machen, diese Sinnes… Sie sagen Warenwelt und überflutet. Ja, das ist sicher ein Moment, das dann nicht nur mich ein bisschen aus der Bahn geworfen hat, weil es waren ja nicht nur die Sinneseindrücke im Warenhaus, sondern zum Beispiel auch diese Informationsflut. Und dann kam der Einstieg in den Westen für uns Ostler, ging ja einher mit dieser ganzen Computertechnik, das war ja ein, man denkt immer, die hatten es schon, aber die hatten es ja auch nicht. Das heißt also, die Welt hat sich, was so Eindrücke und was so Kommunikation und was so Sinneswahrnehmungen und eben Informationsflut betrifft, hat sich so wahnsinnig geändert, dass und das ging mir auch zeitweise so, dass ich schon manchmal dachte, das geht jetzt an die Grenze auch meiner Aufnahmefähigkeit. Also, man musste fast schon wieder so eine Art Schutzmechanismus so entwickeln, um dem nicht so schutzlos ausgesetzt zu sein. Und die Hektik, die dadurch entstand, dass man eben dann sich sein Leben neu organisieren musste und die Hektik, die insgesamt das Leben bestimmte und raus aus diesem geruhsamen DDR-Alltag, der natürlich auch wiederum die Stagnation hatte und die Stagnation, die kann einen genauso in Stress bringen, wie übrigens überhektische Lebenswelten. Ja, also zusammengefasst, große Veränderungen, wahnsinnige Veränderungen, wie ein zweites Leben. So ist das Ganze abgelaufen für mich, aber und nicht nur in der Summe, so im Sinne von »Hält sich ein bisschen die Waage«, sondern grundsätzlich positiv.[115]

Thomas Arnold

Thomas Arnolds Perspektive war nicht Ausreise, sondern Veränderung der DDR. Deshalb nahm er an den Leipziger Montagsdemonstrationen teil.

Ja, wir reden dann von '88/'89, und die ersten Geschichten, die hier in Leipzig losgetreten wurden, das waren ja die Montagsdemonstrationen mit dem Hintergrund, die Repu-

113 Gemeint ist der 7. Oktober.
114 Transkript Hürtgen, S. 36.
115 Ebd., S. 73.

blik zu verlassen, ja Richtung Westen. Und da gab es dann also solche (...) ja, Montagsgebete und solche Montagsdemonstrationen mit der Zielrichtung: »Wir wollen raus!« Das war aber nicht mein Ansinnen, muss ich ganz ehrlich sagen, also ich wollte hierbleiben, weil ich denke, es macht wenig Sinn, wenn sich eine ganze Bevölkerung verabschiedet, ich halte es für schlauer, das Land zu ändern, dass man auch dableiben ... Ja, und das änderte sich dann relativ schnell, nach der Sommerpause und zwar wo die Herbstmesse war, '89, war die große Parole der Montagsdemonstrationen: »Wir bleiben hier!« Das hatte zur Folge, dass das auch so meine Geschichte war, wo ich gesagt habe: »Da bin ich mit dabei«, weil da ging es drum, diese DDR zu verändern. Ja, also das darf man sich jetzt nicht so kolossal vorstellen, das waren alles minimale Schritte, aber man hat plötzlich diskutiert: Wie könnte diese DDR aussehen? Und das fand ich wesentlich interessanter, und da bin ich auch immer montags mit hin, weil das hat mich schon interessiert, ja, und das steigerte sich dann bis hin zu diesem berühmten 9. Oktober, der sich ja gestern zum 23. Mal gejährt hat, oder vorgestern, und wo die 70.000 es das erste Mal geschafft haben, um den Ring drumrumzukommen, das war ja immer so diese Machtprobe zwischen Staatsmacht und Demonstranten, ob man es schafft, den Leipziger Ring zu umrunden. Das ist damals, am 9. Oktober, erstmalig funktioniert und ja, da gab es dann jeden Monat [sic!] neue Forderungen, die dann auch von Montag zu Montag erfüllt wurden, interessanterweise, die heute vielleicht etwas abenteuerlich klingen. Ich kann mich erinnern, eine Forderung war der schulfreie Sonnabend, und das wurde bis zum nächsten Montag auch umgesetzt. Ich habe dann allerdings auch das Chaos miterlebt, meine Frau war Grundschullehrerin, und die mussten dann die Stundenpläne umbauen und solche Geschichten. Ja, oder solche Geschichte, dass zum Beispiel gefordert wurde, dass Karl-Eduard von Schnitzler[116] endlich vom Bildschirm verschwindet, der hatte dann den Montag darauf seine letzte Sendung und so was, was natürlich ja zumindest dazu geführt hat, dass die Demonstranten sich darin bestätigt gefühlt haben, dass Demonstrieren sich lohnt.[117]

Arnold betont, dass das Ziel der Montagsdemonstrationen zunächst nicht die deutsche Einheit war, sondern erst zu einem späteren Zeitpunkt, als die Demonstrationen schon etabliert gewesen seien.

Naja, also ich ... also es wäre gelogen, wenn ich jetzt sagen würde, ich hätte die politische Ausrichtung gehabt und meine politischen Ideale hätte ich dort verteidigt, ohne Ende, oder so was. Bei mir war es mehr ein Bauchgefühl, das sage ich jetzt ganz, ganz offen, weil mir war klar, es muss was passieren, aber ich hätte es nicht unbedingt so definieren können, welche Schritte notwendig sind. Also das ... freie Wahl fand ich absolut in Ordnung, weil das, was bis dahin passiert war, hatte mit Wahl nichts zu tun, ja also es war,

116 Karl-Eduard von Schnitzler (1918–2001), Journalist, bekannt durch seine Sendung »Der Schwarze Kanal« im DDR-Fernsehen.

117 Transkript Arnold, S. 2f.

ja, Schwachsinn. Und freie Presse, das fand ich auch okay, weil, wenn man natürlich eine vorgegebene Meinung dann hat, die man sowohl im Fernsehen, im Radio als auch dann in der Zeitung nachlesen kann, dann ist das, denke ich mal, auch nicht so sinnvoll. Und ja, der Gorbatschow hatte ja im Prinzip von der Demokratisierung seiner ganzen Gesellschaft gesprochen, und das fand ich schon hochinteressant. Wobei ich immer davon ausgegangen bin, dass sich das in der DDR abspielt. Also, man mag das heute als blauäugig betrachten, aber was uns hier in Leipzig ja immer wieder unterstellt wird, wir wären auf die Straße gegangen, wegen der deutschen Einheit. Das, denke ich, war nicht der Fall. Das war ein Ergebnis, aber das war auf keinen Fall Kampfziel am Anfang, [für] die ersten sowieso nicht, die raus wollten, weil hätten die das gewollt, dann wären sie hiergeblieben, dann wäre die deutsche Einheit zu denen gekommen, ja und der zweite Schub, der gesagt hat: »Wir bleiben hier!«, der hat Veränderungen in der DDR … also, diese Geschichte mit der deutschen Einheit, die ist dann auch, fand ich, wo dann diese Demonstrationen schon etabliert waren, wo dann auch schon aus dem westlichen Teil dann Flugblätter kamen, bis hin zu den Republikanern, wo dann plötzlich deutsche Einheit ein Thema war, und da tauchten dann auch so Fahnen auf, wo das Emblem der DDR rausgetrennt war und so was. Das war aber auf keinen Fall das Kampfziel oder überhaupt das Ziel der Montagsdemonstranten vom September, Oktober '89. Ja also, ich sage mal, wo dann die Mauer auf war, war eigentlich klar, dass ist nicht rückkehrbar. Man hat dann zwar diskutiert, über Föderation, Konföderation und, und, und, also da konnte ich mir dann auch nicht mehr so richtig vorstellen, wie es gehen soll, aber Ansatz war die deutsche Einheit auf keinen Fall, bei mir sowieso nicht, muss ich ehrlich sagen. Ich bin Jahrgang '62, ich kenne nur DDR, ja, dann haben wir auch keinerlei Westverwandtschaft gehabt, also nicht irgendeinen Onkel oder … wo dann immer irgendwelche Geschichten erzählt worden wären, wie es früher, vor der Trennung, gewesen wäre. Das gab es bei uns nicht, weil wir einfach keine familiäre Bindung hatten, und dann hatte ich ja noch das, ja, »unverschämte Glück«, die Heimat am antifaschistischen Schutzwall zu verteidigen, ja. Also, wer dort länger war, für den war es schon sehr schwierig, sich vorstellen zu können, dass es diese Teilung mal nicht mehr gibt, das muss ich so sagen, ja.[118]

Jutta Schmidt

Jutta Schmidt stand den Ereignissen des Herbst 1989 nicht ängstlich gegenüber. Skeptisch war sie allerdings bezüglich der wirtschaftlichen Überlebensfähigkeit der DDR, die ihrer Ansicht nach zu wenig in den Fokus der Opposition gerückt wurde. Angst um ihre Familie hatte sie in einer Phase, als sie Drohbriefe aufgrund ihrer Tätigkeit in der BGL und im Neuen Forum erhielt.

118 Ebd., S. 9f.

Angst und Skepsis eigentlich überhaupt nicht. Also zumindest (...) die Sorgen, die ich zum Beispiel so aus dem Kollegenkreis gehört habe: »Ach jetzt kriegen wir auch das Problem Rauschgift!«, ja zum Beispiel solche Sachen, die hatte ich überhaupt nicht, die hatte ich überhaupt nicht. Ich hatte aber auch nicht die deutsche Einheit im Kopf. Also für mich war die Frage und die man im Neuen Forum auch sehr wenig diskutiert hat: »Kann die DDR wirtschaftlich überleben?« Das ist ja eine Frage, die sich kaum einer im Neuen Forum gestellt hat. Und da haben sich, muss ich sagen, mein Mann und ich, wir haben uns da kaum Illusionen gemacht und haben gesagt: »Wir sind, wenn das in den Betrieben in den zehn Jahren, die wir sie nicht mehr von innen (...), nicht besser geworden ist und ist nicht besser geworden, denn hat die DDR keine Chance, wirtschaftlich zu überleben.« Also das war für uns ziemlich klar. Wir haben schon in Greifswald haben wir uns ... Wir hatten Weihnachten immer so ein Ritual und haben gesagt: »Mal gucken, was es nächstes Jahr Weihnachten nicht mehr gibt!« Weil wir gesehen haben, wie die Betriebe, also als wir noch in der Industrie ... Und haben dann fast jedes Jahr Weihnachten wieder, das nächste Jahr Weihnachten wieder gesagt: »Naja gut, ein bisschen schlechter ist es geworden. Aber eigentlich so schlecht, wie wir es erwartet hatten, so schlimm ist es noch nicht.« Und so war das dann eigentlich nahezu jedes Jahr. Dann kam natürlich ja zwischendurch der Milliardenkredit da von Strauß,[119] wo ich immer der Meinung bin: Strauß wusste genau, wie pleite die DDR ist. Da bin ich mir hundertprozentig sicher, dass man das dem nicht erzählen musste. Und also unsere Sorgen (...), aber auch so Sorgen um uns selber eigentlich hatten wir überhaupt nicht. So nun waren, unsere Kinder waren zu diesem Zeitpunkt beide in der Berufsausbildung und also auch vor Arbeitslosigkeit, oder so in dem Sinne, hatte ich keine Angst. Und zum anderen habe ich immer gesagt: »Irgendetwas muss passieren. Sie können nicht 17 Millionen Sozialhilfeempfänger machen. So reich ist die alte Bundesrepublik auch nicht, dass sie sich das leisten kann.« Aber Angst eigentlich überhaupt nicht. Angst hatte ich dann im Januar kurzzeitig persönlich, als ich diese Drohbriefe kriegte. Aber das ist eine andere Geschichte. Aber Angst wegen des Mauerfalls oder so, gar nicht, gar nicht.[120]

Ihre Arbeit im Neuen Forum sieht sie grundsätzlich als wichtiger an als den Mauerfall selbst.

Hall: [...] Wie reagierten Sie auf den Fall der Mauer am 9. November 1989?

Schmidt: Ehrlich? Ehrlich haben wir ihn verschlafen. Mein Mann und ich, wir haben ihn verschlafen, aus dem einfachen Grund, wir waren zu diesem Zeitpunkt schon ganz aktiv im Neuen Forum eingebunden. Das hieß also: Um fünf klingelte der Wecker, um halb sieben gingen wir arbeiten, bis 16 Uhr arbeiteten wir, und dann gingen wir zum

119 Durch Vermittlung des bayrischen Ministerpräsidenten Franz-Josef Strauß (1915–1988), CSU, bürgte die Bundesregierung 1983 und 1984 für zwei »Milliardenkredite« westdeutscher Landes- und Privatbanken an die DDR.

120 Transkript Schmidt, S. 14f.

Neuen Forum und machten irgendwas: Flugblatt, Zeitung und so weiter und so fort. Kamen meistens gegen elf, zwölf Uhr nach Hause, fielen ins Bett im wahrsten Sinne des Wortes, um am anderen Morgen wieder aufzustehen. Und am anderen Morgen war die Mauer auf! Wir haben es also wirklich im wahrsten Sinne des Wortes verschlafen. So (...), also ja, ich kriege jetzt noch eine Gänsehaut. Also, es ist unvorstellbar, ja. Das Institut war fast halb leer, weil alle Leute schon anstanden nach einem Reisepass. So, nun muss ich dazu sagen, aber wir waren ja gerade im September, Ende September, in West-Berlin gewesen, und mein Mann und ich wir haben gesagt: »Wir stellen uns da jetzt nicht an! Lass Sie stehen, ja!« Es waren wirklich ... Die Leute standen, Bananenschlangen waren gar nichts dagegen, standen nach diesen Reisepässen. Und bei uns, das Institut war, also wirklich ein Viertel der Leute sind morgens nicht auf Arbeit gegangen, weil sie sich bei der Polizei angestellt haben, nach dem Stempel für den Ausweis. So, und (...) ich glaube, wir sind dann erst nach 14 Tagen oder so das erste Mal dann wieder nach West-Berlin gefahren. Unsere Tochter rief dann irgendwann bei Oma an: Sie ist jetzt mit einer Truppe nach West-Berlin. Unser Sohn war auch irgendwo in West-Berlin. Aber die beiden Alten haben weiter erst mal Neues Forum gemacht. Das war in dem Moment, das war mir wichtiger, das war mir viel ... war mir wichtiger als West-Berlin angucken, aber nun wie gesagt, wir hatten es gerade vor zwei Monaten. Wenn es nicht so gewesen wäre, wären wir sicherlich auch, vielleicht noch ganz normal auf Arbeit gegangen, aber dann ... Oder einer hätte sich hingestellt mit dem Ausweis oder so. Ich weiß es nicht.[121]

Gewerkschaftliches Engagement

Bereits Ende 1989 wurden in den ersten Betrieben die bisherigen Gewerkschaftsleitungen entmachtet und durch basisdemokratische Organisationsformen, wie Sprecherräte, ersetzt. Teils auf persönliche Initiative hin wurden Kontakte zu westdeutschen Gewerkschafterinnen und Gewerkschaftern geknüpft, um beispielsweise gemeinsame Schulungen durchzuführen. Ein Reformwille wurde eher in den Einzelgewerkschaften als im FDGB ausgemacht. Die Neuformierung der Industriegewerkschaften und Gewerkschaften der DDR wurde jedoch auf betrieblicher Ebene nicht sonderlich wahrgenommen, dort bestand häufig schon eine Orientierung auf die westdeutschen Gewerkschaften. Bei fast allen Befragten wird dennoch ein hohes Maß an Eigeninitiative zur Gestaltung des gewerkschaftlichen Neuaufbaus deutlich.

121 Ebd., S. 13f.

Im Hinblick auf den außerordentlichen FDGB-Kongress am 31. Januar/1. Februar 1990 ist Schulze der Meinung, dass zwar eine durchaus kritische Auseinandersetzung mit der Vergangenheit stattgefunden habe, aber kaum Wege zur Erneuerung diskutiert worden seien. Deshalb habe seine Delegation der IG Bau-Holz auf dem Kongress auch den Austritt aus dem FDGB und die Gründung einer eigenen Gewerkschaft gefordert. Auf der Ebene der IG Bau-Holz glaubte er dagegen, durchaus Reformwillen erkennen zu können (Teilnahme an der außerordentlichen Zentraldelegiertenkonferenz am 10./11. Februar 1990). Auf die Frage, ob auf dem außerordentlichen FDGB-Kongress ein Reformwille zu spüren gewesen sei, antwortet Schulze:

Na klar hast du den gespürt. Also es war eine wahnsinnige Diskussionsschlacht, die da gemacht wurde, die dann letztlich damit endete, wenn ich es jetzt richtig noch im Kopf habe, dass unsere Delegierten nachher aus Protest den Saal verlassen haben – ich weiß aber gar nicht mehr genau, worum es da ging – und gesagt haben: »Wir treten aus, aus dem FDGB! Wir gründen eine eigene Gewerkschaft.« Das war also eine ganz heiße Diskussion unter unseren Delegierten. Und also, man hat schon gespürt, wir wollten, auch heute so aus Abstand sage ich, wir wollten alles anders machen, aber so richtig war noch nicht erkennbar, in welche Richtung das anders gemacht … es musste nur anders sein. Und das war natürlich auch, das war zu der Zeit, war taufrisch und kurz vor dem Kongress da war irgendwie im Fernsehen so ein Fernsehbericht, wo sie Harry Tisch sein Büro mit irgendwie Himmelbett im Nachbarraum, ich weiß gar nicht mehr genau, irgendwie so. Jedenfalls war da irgendwas, was ganz groß auch da im Fernsehen gezeigt wurde, das hat alles so die Gemüter erregt. Und dann gab es eine heiße Diskussion, da gab es ja den Runden Tisch in Berlin und als Vertreter der Gewerkschaft war, wenn ich es jetzt richtig im Kopf habe, noch die Leiterin oder Chefin von Bernau, von unserer Gewerkschaftshochschule, die dort mit an diesem Runden Tisch saß. Und dann wurde also darüber diskutiert, was die denn da zu suchen hatte, sie war nicht demokratisch gewählt. Also an manchen Stellen waren es … Man konnte an vielen Stellen erkennen, was man nicht wollte, aber nicht, was man wollte. Also die … Es war ein sehr kritischer, sehr kritischer Gewerkschaftstag, teilweise auch sehr, sehr ohne Linie. Es war schon nicht so leicht. War das erste und einzige Mal, dass ich so was kennengelernt habe. Turbulent war es auch bei dem Gründungskongress[122] der Bau-Holz, aber zumindest konnte man da eine Richtung sehen, wo soll es hingehen, ja.[123]

Trotz seiner vorherigen Funktion in der BGL wurde Peter Schulze 1989 zum Vorsitzenden des Sprecherrates in seinem Betrieb gewählt.

122 Gemeint ist die außerordentliche Zentraldelegiertenkonferenz der IG Bau-Holz am 10./11.02.1990.
123 Transkript Schulze, S. 25 f.

Da war ich einer der wenigen, der vorher BGL-Vorsitzender war und der dann trotzdem auch dort zum Sprecherratsvorsitzenden gewählt wurde. Das war also bei den meisten, egal ob sie was gemacht haben oder nicht, war so eine allgemeine Tendenz: Die Alten müssen erst mal alle weg! Und dabei sind auch viele sehr gute Kollegen dann in die Wüste geschickt worden.[124]

Aus dem Sprecherrat heraus nahm er Kontakt zur bundesrepublikanischen IG Bau-Steine-Erden auf, um Schulungen gemeinsam durchzuführen. Die IG Bau-Holz spielte dabei auf örtlicher Ebene keine Rolle mehr. Bei der ersten Kontaktaufnahme gab es aber zunächst durchaus westdeutsche Vorurteile.

Und dann sind wir … bin ich dann nach Goslar gefahren. In Goslar gab es eine Geschäftsstelle der IG Bau-Steine-Erden. Aber da war ich zweimal, da haben wir nie jemanden erreicht. Das war dann schwierig. Dann haben sie mir dann gesagt, in Braunschweig gibt es auch nochmal eine Geschäftsstelle, gut, das war nun auch nicht so weit. War immer ein bisschen kompliziert, weil man ja kein Westgeld hatte, musste man vorher dann auch bei uns tanken, dass da nichts passiert. Und dann bin ich dann nach Braunschweig gefahren, habe da die ersten Kontakte aufgenommen. Die konnten das gar nicht glauben, dass wir … Er hat mich erst mal behandelt, naja, mich da eine Stunde warten lassen und dann habe ich ja gefragt: »Wenn der keine Zeit hat, dann fahr ich wieder.« »Na warte mal«, hat der gesagt. Dann macht der die Tür auf da zu dem Geschäft … Dann saß der da ganz alleine drinnen, hat mich eine Stunde vor der Tür warten lassen und saß dann da hinter seinem Schreibtisch und begrüßte mich dann mit den Worten: »Ach, wieder ein Ossi, der uns hier die Arbeit wegnehmen will.« Ich sagte: »He, spinnst du oder was!« Ich habe dann erzählt, ich bin hier Sprecherratsvorsitzender und wollte mal Kontakt mit der Gewerkschaft aufnehmen. Na gut, dann war das Eis sofort gebrochen: »Ach, du willst gar nicht bei uns bleiben, willst hier gar nicht arbeiten.« Die müssen da wohl einen Riesenandrang gehabt haben. Und dann haben wir uns also da sehr gut verständigt. Da wurde dann die Idee geboren: »Wenn denn bei euch noch mehr Leute Interesse haben, mal was zu wissen von der Gewerkschaft, kriegt ihr denn das eventuell hin, ein paar Leute zusammenzukriegen, und dann würden wir zu euch mal kommen. Machen wir mal einen Samstag und würden dann mal so ein bisschen Schulungen machen.« Ja, und dann habe ich mich auf den Pott gemacht und habe da im Prinzip meinen Kollegen das gesagt. Die waren alle ganz begeistert: »Jawohl, das machen wir! Wir wollen wissen, wie das bei der Gewerkschaft ist.« Und dann habe ich unser Kinderferienlager … Unser Chef hat sich gar nicht getraut, da zu widersprechen. Das war nun mal in der damaligen Zeit so. Dann haben wir das Kinderferienlager kostenlos zur Verfügung gekriegt und dann haben wir da über 100 Leute aus unserem Betrieb und aus Nachbarbetrieben Samstag, Sonntag zusammengenommen und haben mit denen Schulungen gemacht da, ja. Und da war eigentlich

124 Ebd., S. 5.

auch innerhalb unserer, also innerhalb unserer BGL war dann auch so die Stimmung: Die Alten hier von der IG Bau-Holz der DDR, mit denen wollen wir nichts mehr zu tun haben, sondern wir kümmern uns jetzt um die Kollegen oder wir lassen uns jetzt beraten von den Kollegen der IG Bau-Steine-Erden. Wir hatten also einen Kreisvorsitzenden bei der IG Bau-Holz, Karl Schneemilch hieß der, der war schon richtig Urgestein, der war schon 20–30 Jahre, war ein Netter, aber auch wie gesagt, der hat die Welt da nicht mehr verstanden. Der ist dann auch … Für den war das alles sehr, sehr … Der hat sich dann auch verabschiedet da. Er war auch nicht mehr ansprechbar für uns. Und wir haben dann, wie gesagt, unsere weiteren Kontakte nur noch mit der IG Bau-Steine-Erden in Braunschweig gehabt, bis das dann '91 mit Halberstadt dann losging, dass wir hier also im Prinzip eine Geschäftsstelle in Halberstadt hatten.[125]

Regina Klefler

Regina Klefler beschreibt aus ihrer Erfahrung in Gera, dass es auf die Proteste 1989 keine besonderen Reaktionen vonseiten der Bezirksebene des FDGB beziehungsweise der IG Bau-Holz gegeben habe und dass in den Besprechungen mit den BGL die üblichen Themen (Ferienlagerplanungen etc.) im Fokus standen, während die Demonstrationen nur am Rande erwähnt worden seien.

Und ja, gut, Schwerpunkte Berlin und Berlin war ja dann noch so eine große Demonstration am 7. Oktober. Also, das waren so Sachen, die wurden da angesprochen, aber es ging nicht darum jetzt zu sagen: »Jetzt machen wir hier die Revolution!«, oder so was. […] Unsere Veranstaltungen liefen nach wie vor so ab, dass man gesagt hat: »Wir machen unsere Arbeit so wie gehabt weiter, bis es andere Entscheidungen gibt.«[126]

Peter Praikow

Als Besonderheit im Vergleich zu anderen Einzelgewerkschaften der DDR sind die bei der IG Transport und Nachrichtenwesen bereits im Herbst 1989 begonnenen Strukturveränderungen zu betrachten. Dazu zählte die Arbeitsgruppenbildung zur Aufspaltung der IG in Transport, Eisenbahn und Post sowie das »Aktionsprogramm '90 – Für unsere attraktive Zukunft bei der Deutschen Post«, das eine Neubestimmung der gewerkschaftlichen Arbeit in der DDR zwar noch in alten Floskeln, aber doch mit entscheidenden Reformansätzen im Dezember 1989 formulierte.

Und insofern war das nicht unbedingt Beton, was da aus Richtung Zentralvorstand Industriegewerkschaft Transport und Nachrichtenwesen kam. Also, der damalige Vorsitzende, Karl Kalauch, war, ich glaube, auch zu dem Zeitpunkt derjenige, der da so eine Ini-

125 Ebd., S. 21 f.
126 Transkript Klefler, S. 19.

tiative unterstützt hat. Also, da bin ich mir allerdings sicher, dass da das Thema führende Rolle der Partei und neue Rechte, da weniger das Thema bei ihm war, aber dass es in den alten Strukturen so nicht mehr funktionierte, das war klar.[127]

Also, da war ich für die Industriegewerkschaft Transport und Nachrichtenwesen als relativ junger Gewerkschafter, der halt noch nicht so altvordern belastend unterwegs ist, in dieser »Arbeitsgruppe Satzung«. Und dort haben wir mit vielen anderen versucht, mal zu schauen, wie man denn das wieder ein bisschen geraderückt, was da in diesem DDR-mäßigen Schema unterwegs war. Also, das Thema war führende Rolle der Partei raus, Eigenständigkeit der Industriegewerkschaften rein, finanzielle Ausstattung der Industriegewerkschaften rein, personelle Hoheit der Industriegewerkschaften rein, das war ja früher alles FDGB und in einem ganz engen Korsett. Und das war sozusagen der Ursprung oder die Keimzelle für freie Gewerkschaften in Ostdeutschland. Und aus dieser Arbeit heraus habe ich dann auch das Thema Gründung einer neuen Deutschen Postgewerkschaft in der ehemaligen DDR mit begleitet, war da ziemlich engagiert unterwegs …[128]

Peter Praikow glaubte nach dem außerordentlichen FDGB-Kongress noch an eine Reformierbarkeit des Dachverbandes, die aber nicht eintrat, weil der alte Funktionärsapparat unterhalb der ausgewechselten Führungsspitze weiterhin aktiv blieb.

Hall: […] Haben Sie diesen Prozess, der da ablief, haben Sie den damals für glaubhaft, für eine wirkliche Reformbereitschaft gehalten und das auch so empfunden?

Praikow: Ja, habe ich, zumal, wie gesagt, habe ich ja vorhin, glaube ich, schon mal gesagt, der neue FDGB-Bundesvorstand, der da gewählt wurde, ist schon auf demokratischer Grundlage gewählt worden. Also, insofern war ich da erst mal optimistisch. Ich wusste: »Das gibt eine neue Satzung, die sich diametral unterscheidet zu dem, was da mal vorher war.« Und es gab einen demokratisch gewählten Vorstand. Insofern war ich da erst mal optimistisch. Ein paar Wochen später sah die Welt anders aus, habe ich auch schon vorhin gesagt, weil der ganze alte Apparatschik unterhalb dieses neu gewählten Vorstandes noch funktioniert hat beziehungsweise zählebig war, was man ja irgendwo verstehen kann. Das hat aber dazu geführt, dass das eine Bremse war, hinsichtlich der Entwicklung der Einzelgewerkschaften unterhalb des FDGB. Beziehungsweise das gab so ein Eigenleben, dass die sich gar nicht dazugehörig gefühlt haben oder dieser FDGB eher ein Traditionsverein wäre, als dass da eine tatsächlich Zusammenarbeit der neu gewählten Gewerkschaften und Industriegewerkschaften da stattgefunden hätte. Die waren eher mit sich selber beschäftigt, mit ihrer eigenen Abwicklung.[129]

127 Transkript Praikow, S. 17.
128 Ebd., S. 3.
129 Ebd., S. 33.

Sieglinde Merbitz

Merbitz sieht die finanzielle Abhängigkeit der Einzelgewerkschaften vom FDGB als großes Problem für einen gewerkschaftlichen Neuanfang in der DDR.

Es gab da ein paar Leute, da war die IG Metall der DDR auch führend mit vertreten, aber auch aus den Kreisen hier aus Leipzig und aus der Stadt Leipzig selber, gab es Gewerkschaftsfunktionäre, die der Meinung waren: »So wie bisher geht das nicht weiter, aber man müsste auch eine Chance haben, sich von Innen sozusagen zu reformieren.« So, da wurde vieles gecheckt und gemacht und getan und eine Satzung erarbeitet und … Aber das wirkliche Problem, was wir nicht lösen konnten, war die finanzielle Unabhängigkeit vom FDGB, weil die Beitragsgelder, sind ja zentral, sozusagen, kassiert worden. Das irgendwo in den Griff zu kriegen, da fehlten uns auch die Strukturen, das ging eben einfach nicht. So, und das war dann auch später schon, so Mitte (…) nein, Ende '89, Anfang '90, als dann sozusagen auch das Signal aus den alten Bundesländern gekommen ist, hier auch namentlich von der IG Metall, zu sagen: »Wenn wir hier neue Strukturen aufbauen, dann müssen die ganz neu passieren, und dann geht es eben nicht mit diesen FDGB-Finanzen, das muss alles klar getrennt werden, ansonsten haben wir keine Chance.« Und, muss ich sagen, diesen Gedanken habe ich dann auch mitgetragen, weil das ging wirklich nicht, dann wär man wirklich viel zu sehr auch verstrickt gewesen in all dem, was mit dem Feriendienst zusammenhing, mit den Sozialversicherungen, was mit den Immobilien des FDGB oder … So, das war einfach eine Nummer zu groß […].[130]

Renate Hürtgen

Renate Hürtgen konnte keinen Reform- und Demokratisierungswillen der bisherigen gewerkschaftlichen Strukturen, insbesondere des FDGB, erkennen, dessen Priorität auf Machterhalt ausgerichtet gewesen sei.

Der Apparat selber, der FDGB-Apparat selber, also sozusagen von der BGL-Ebene, dann außerbetrieblichen Ebene aufwärts, der war ganz rasch in die Erstarrung gefallen, da gab es, ich weiß, es gab was, aber ich meine jetzt mal aus Sicht wirklich eines Menschen, der sowas an der Basis versucht, gab es keine nach unten wirkende Demokratisierung, gar nichts. Der hat also wirklich … der musste, das war uns auch irgendwie klar, auch aus der Geschichte der Sache heraus, der musste wirklich untergehen.[131]

130 Transkript Merbitz, S. 9.
131 Transkript Hürtgen, S. 25.

Am außerordentlichen FDGB-Kongress 1990 nahm Hürtgen als eingeladene Beobachterin teil. Sie kommt zu der Schlussfolgerung, dass keine wirklich basisdemokratische Erneuerung vollzogen worden sei, sondern vielmehr die Einzelgewerkschaften gegen den Dachverband gekämpft hätten.

Und die Einladungspolitik, also dieser Kongress hatte wieder nur, das hatten wir begleitet und beobachtet und versucht, auch das medial dann bekanntzumachen, hatte wieder nur sozusagen über Funktionäre und nicht etwa jetzt ..., wäre ja so eine Möglichkeit gewesen, jetzt mal einen Kongress einzuberufen, wo irgendwie die Basisvertreter, also sozusagen von neuen Gruppen oder von irgendwelchen anderen, wo so was passiert ... Das ist also nicht passiert, sondern es waren die bis dahin auch nicht abgewählten oder veränderten, vor allen Dingen auch nicht auf der Landes- und Kreis- und Bezirksebene abgewählten, sondern die alten Funktionäre waren da die Vertreter. Und das war also so das Eine, was also sozusagen die ganze Sache schon unglaubwürdig machte. Und das Zweite war, und das war das Eigentliche, aus meiner Sicht, das Thema dieser zwei Tage: Der Bundesvorstand hat eigentlich keine Macht abgegeben. Und der ganze Kongress bestand die ganze Zeit daraus, dass die Einzelgewerkschaften, die sich immer auch so zurückzogen, gegen den Bund kämpften, jedenfalls einige, und versuchten, diese Macht des Bundes, an den ja übrigens ja immer die Gelder gingen, das war ja ... das ist ja wirklich ... dieser FDGB, der hatte ja wirklich eine Macht gehabt, der Bundesvorstand ... und die ganze, wie gesagt, die ganze Zeit ging es eigentlich immer darum, den Bundesvorstand zu entmachten beziehungsweise, was ja auch eine gewisse Legitimität hatte, also sozusagen ein, es war ein interner Apparatekampf, der sich da abspielte. Von Basis oder irgend so was, war dann erst mal gar keine Rede.[132]

Auf der Ebene der Einzelgewerkschaften und auch der Gewerkschaftshochschule in Bernau sieht sie durchaus Reformbereitschaft. Deren Zielsetzung sei jedoch eine Angleichung und Öffnung für westdeutsche Partner gewesen, was nicht dem Anliegen der IUG entsprochen habe.

[...] so auf der Ebene von Einzelgewerkschaften, Kreisebenen und so was, da gab es Kollegen, Kolleginnen und Kollegen, die eine Initiative ergriffen haben, die versucht haben eine neue Formierung zu schaffen. [...] Also das war so eine Ebene, das weiß ich schon, dass da viel passierte. Ich weiß auch, dass Kollegen dann aus Bernau, aus der Gewerkschaftshochschule Bernau, sich auch formierten oder einige zusammengesetzt hatten und überlegt haben: »Wie kann man das hier nun ... wie kann man eine neue Gewerkschaftsstruktur, ein neues Gewerkschaftsverständnis ... wie sollte das aussehen und wie kann man hier was aufbauen?«[133]

Also ich hätte sie, sagen wir mal, ich weiß es nicht, ob wir darüber diskutiert haben, das weiß ich nicht genau. Aber ich denke, dass wir solche Aktionen als insofern nicht unserer Sache gemäß empfunden haben, weil es eben die alten Strukturen waren, die

132 Ebd., S. 48f.
133 Ebd., S. 51f.

alten Leute waren und weil es nichts weiter war als ein Versuch, auf die Westgewerkschaften zuzugehen, was wir in dieser Form nicht vorhatten, sondern wir wollten also prinzipiell erst eine eigenständige, sehr basisorientierte Struktur entwickeln.[134]

Thomas Arnold

Sein gewerkschaftliches Engagement während des Umbruchs 1989/90 begründet Thomas Arnold damit, dass es nun in den Bereich des Möglichen rückte, etwas verändern zu können, dass sich Handlungsspielräume auftaten.

Hall: Und warum haben Sie sich dann plötzlich gewerkschaftlich engagiert?

Arnold: Naja, ich sage es mal so: Es war ja dann klar oder im Bereich des Möglichen, dass ja diese Struktur des sozialistischen Wirtschaftssystem in Frage steht, machen wir uns ja nichts vor, das war ja klar. So und das hieß natürlich ja, dass sich Arbeitnehmer ja zusammentun müssen, um ja ihre Arbeitsbedingungen zu regeln. So, das war zwar dann noch ein Stückchen hin, aber es war klar, dass das irgendwo kommen musste, und ja dann haben wir gesagt: »Na gut, wenn wir auf der Straße durch Masse stark waren, dann machen wir es hier auch im Betrieb«, weil wir hatten ja immer noch dieselben Chefs, das darf man ja nicht vergessen. Die hatten dann zwar nicht mehr montags Parteiversammlung oder so was, aber es waren ja immer noch dieselben Leute, und dann gingen in den ersten Betrieben schon Entlassungen los, nicht bei uns, und dann haben die Leute, die vorher die großen Betriebsdirektoren waren, plötzlich Entlassungen geschrieben und naja, da ist man dann, denke ich mal, schon ein bisschen vorsichtig. Es kam dann zwar ein bisschen anders, weil die Treuhand hatte dann ja praktisch diese Betriebsdirektoren erst mal eingesetzt, einige mussten sogar durch Wahl legitimiert werden, was ich ganz merkwürdig fand, aber gut, das war halt so. Deshalb ist in der ersten Zeit, den Betriebsräten auch, ich sage mal, nicht allzu viele Steine in den Weg gelegt worden, weil die noch amtierenden Betriebsdirektoren ja nicht wussten, wie ihre Zukunft aussah und da haben die sich nicht unbedingt mit dem Betriebsrat, sprich: mit der Belegschaft, angelegt. Ja, das war so das erste halbe Jahr, ungefähr, bis dann die Treuhand ausgetauscht hat, zum größten Teil oder schon privatisiert hat oder ganz unterschiedlich.[135]

Mit der Wahl neuer Vertrauensleute, der Bildung eines Runden Tisches im Betrieb und der Entscheidung zur Gründung eines Betriebsrates wird die große Eigeninitiative der Belegschaften, die mit dem Aufbruch 1989/90 verbunden war, deutlich.

Ja, und in dieser Zeit war natürlich dann auch Unruhe in den Betrieben, das ist klar, da ging es dann los, da wurden dann solche Dialoge geführt, so nannte sich das. Man

134 Ebd., S. 53.
135 Transkript Arnold S. 17.

trat miteinander in den Dialog, die Betriebsleitung mit der Belegschaft, Veranstaltungen, wo ich also nur überfüllte Speisesäle erlebt habe, weil die Leute dann auch nach Feierabend unbedingt so diese Basisdemokratie einfach mal erleben wollten und mitgestalten wollten und ja, und dann war natürlich die Frage, wie gehen wir halt mit unseren Interessenvertretungen um, weil ich denke mal, die wenigsten haben den FDGB als eine klassische gewerkschaftliche Interessenvertretung der Leute empfunden, das war halt eine Abteilung neben SED/FDJ, für viele zu mindestens. Und ja, dann habe ich im November, Dezember, denke ich mal, '89, ganz einfach bei mir in der Abteilung, da nochmal eine Wahl der Vertrauensleute angeschoben und habe mich da auch zur Verfügung gestellt, bin auch als Vertrauensmann gewählt worden. Und Anfang des Jahres '90 war ich dann mal kurz, für ein paar Tage, im Westen zu Gast, in Neuss, und habe mir dort mal angeguckt, wie Bundesrepublik funktioniert, von der Krankenkasse bis zum Arbeitsamt und alle solche Sachen, sehr zur Erheiterung meiner Gastgeber. Ich war natürlich auch bei der Gewerkschaft und habe dann in meiner Firma eine Diskussion angefangen, ob wir denn nicht einen Betriebsrat wählen wollen. Ja, das fanden einige interessant, einige fanden es zu früh, einige fanden es völlig daneben und dann gab es ... dieses Institut für Fördertechnik hatte ungefähr, naja, zwischen 400 und 500 Beschäftigte, und da haben wir dann eine Urabstimmung gemacht, ob sie einen Betriebsrat haben wollen oder weiterhin eine BGL, also eine Betriebsgewerkschaftsleitung. Das Votum ist dann irgendwo mit 95 zu drei Prozent, bei zwei Prozent Enthaltungen ausgegangen, also eine ganz klare Richtung. Und da haben wir dann in der Firma so einen Runden Tisch gehabt, das war ja damals üblich, Geschäftsführer oder Werkleitung mit dran und alles, was es dann noch an so ... naja, SED eher nicht, aber BGL und so was, noch mit am Tisch und da haben wir gesagt: »Okay, wir wollen eine Betriebsratswahl!«, und haben dann halt am 3./4. Mai, wenn ich mich recht erinnere, einen Betriebsrat gewählt. So, und, ja, alles natürlich sehr eckig, kantig – klar.[136]

Nach Arnold kamen die Reformen an der Spitze der IG Metall der DDR zu spät und spielten für die Belegschaften keine Rolle mehr, weil diese sich bereits auf die bundesdeutsche IG Metall orientierten.

Hall: Gut, die IG Metall (Ost) haben wir schon angesprochen. Das kam Ihnen vor, wie eine neue Organisationsform, aber wie gesagt, sie bestand ja schon vorher, und Ende November 1989 gab es in der IG Metall der DDR auch viele Veränderungen, Hartwig Bugiel wurde beispielsweise zum neuen Vorsitzenden gewählt. Im April 1990 dann noch die Veränderung im Vorstand mit Fredi Jahn und Gerhard Schulz, die auch praktisch das Ganze erneuern sollten. Haben Sie davon etwas mitbekommen, und wie haben Sie das dann bewertet, diese personellen Veränderungen?

136 Ebd., S. 3.

Arnold: Also, diese Wahl von Bugiel, das ist eine Hausnummer, und dazu muss man sagen, wir hatten immer zum Frühstück die Tribüne auf dem Tisch liegen, also diese Gewerkschaftszeitung, da ist das natürlich kommentiert worden, ganz klar, aber da war eigentlich das Thema für uns schon durch, aus dem ganz einfachen Grund, da gab es für die Kollegen schon die Orientierung auf IG Metall (West), ja, also da ging es ja dann schon los, man muss immer so sehen, April '90 haben Sie jetzt als Zeitraum genommen, da war klar, es kommt schon die Währungsunion, ja, da war klar, es wird zur deutschen Einheit kommen, die Treuhand wurde schon aus der Taufe gehoben. Es gab schon die ersten Probleme mit Aufträgen und so was, also da war es schon schwierig, und ich denke mal, diese Bemühungen, da was Neues zu machen, die sind ganz einfach zu spät gekommen, das ist dann von den Leuten auch nicht mehr akzeptiert worden beziehungsweise auch nicht mehr verstanden worden oder war für die nicht mehr wichtig. Die haben gesagt: »Es gibt eine starke IG Metall in Deutschland, warum brauchen wir da hier eine, wenn hier sowieso alles zusammengewürfelt wird?!«, dann ja, so die Geschichte war das dann, und ich sage mal so, ab Mai '90 hatte hier die IG Metall (West) auch schon ein Beratungsbüro vor Ort.[137]

Sieglinde Merbitz

Merbitz schätzt die Reformversuche der IG Metall der DDR im Grunde als »vertane Zeit« ein und unterstützt die frühe Orientierung auf die IG Metall der Bundesrepublik. Die fachgerechte Abwicklung der IG Metall der DDR (Personal, Finanzen) betrachtet sie als persönliches Anliegen.

Hall: [...] Es gab ja durchaus dann offensichtlich Widerstände, auch gegen den Reformkurs innerhalb der IG Metall der DDR? Wie bewerten Sie dann die personellen Veränderungen, die ja stattgefunden haben, ja schon im November 1989 ja, mit der Veränderung an der Spitze, mit Hartwig Bugiel? Ist das grundsätzlich positiv einzuschätzen oder wie beurteilen Sie das?

Merbitz: Ich habe es damals wahrscheinlich positiv eingeschätzt, aber einfach im Nachgang betrachtet waren es einfach irgendwo Versuche, da sich noch zu etablieren, aber eigentlich hätte man erkennen müssen, dass es so nicht geht, und man hätte, denke ich, viel zeitiger den Weg offen machen müssen für die IG Metall der Bundesrepublik und da nicht noch großartig versuchen, sagen wir mal, die IG Metall der DDR irgendwo zu festigen. Das war eigentlich schon ein Stück vertane Zeit. Aber, okay, so war es. Wir mussten ja dann auch gucken, wie das, sozusagen, sich gesellschaftspolitisch vollzogen hat. Es kam ja erst die Währungsunion, dann die deutsche Einheit. Gut, damit waren dann ja die Weichen ganz anders gestellt. Aber in diesem kurzen Zeitraum, der Versuch, da

137 Ebd., S. 17 f.

auch noch die IG Metall der DDR zu verändern, sicherlich zu der Zeit ein Hoffnungsschimmer, aber eigentlich nicht realistisch. Dazu waren die Strukturen doch zu verkrustet, und man hätte das auch nur wirklich, in dem Falle, revolutionär verändern müssen, und das ging einfach so gar nicht. Und darum denke ich, so wie es dann gelaufen ist und mit der Klarstellung, als dann die entsprechenden Beschlüsse auch gefasst wurden, auch der IG Metall der DDR, als das dann klar war, sozusagen den Weg frei zu machen, mit der Selbstauflösung, das war dann so schon in Ordnung. Aber was für mich auch ganz einfach wichtig war und gut, da bin ich dann auch von der inneren Seele Buchhalterin, durch und durch, ich wollte ganz einfach auch, dass so was geordnet passiert, dass da nicht einfach irgendwo nur hingeknallt wird und dann ist das Ende da, und darum habe ich auch gesagt: »Ich bleibe bis zum Ende, und ich will das ordentlich abwickeln!«, und ich war dann auch wirklich, ja fast die Letzte, eine Sekretärin war noch da und ich, die das dann am 31.12. wirklich mit allen Konsequenzen übergeben hat, weil zu der Zeit, müssen wir ja auch sagen, als sozusagen die Bewegungen in den Betrieben, sich vollzogen haben, und die haben ja trotzdem auch Gewerkschaftsbeiträge kassiert, es war ja nicht so, dass die gesagt haben: »Okay, jetzt lassen wir das alles, wie es ist!«, nein, sie haben nur diesen Bankeinzug gestoppt, und die Kollegen haben selber das Geld kassiert, und dann kamen die aber und haben uns das auf den Tisch geschmissen, als ich dann ... und haben gesagt: »Hier, und was passiert damit?« So, und da haben wir dann ... Also, die haben das erst in den Betrieben verwaltet und dann, als nun Schluss war (...) mehr oder weniger, ja, kamen sie dann und da haben wir das sozusagen noch eingenommen. Aber es gab auch welche, die gesagt haben: »Nein, der IG Metall der DDR geben wir das nicht, das kriegt die IG Metall der Bundesrepublik.« Und da ich zu der Zeit ja nun schon auch, sagen wir mal ehrenamtlich, nach Feierabend den Aufbau der Verwaltungsstelle Leipzig mit betrieben habe, war ich dann nun schon fast so ein Stück in Doppelverantwortung. Und da kamen dann eben 1991, als es dann so weit war, auch Kollegen, die haben gesagt: »Und hier haben wir noch unsere Restbestände vom FDGB-Geld. Was soll damit passieren?« »Wir als IG Metall der Bundesrepublik nehmen es keinesfalls. Entweder ihr nehmt das jetzt, um noch Gewerkschaftsarbeit selber zu finanzieren und verantwortet das. Es ist das Geld der Kollegen, und wir haben damit nichts zu tun. Oder ihr spendet das«, und das ist in vielen Fällen dann passiert und da hat man sich dann ganz einfach umgeguckt. Die ersten Dinge, die ja entstanden sind: Krebshilfestiftungen oder für Kinder ... und so ist dann sozusagen auch dieses Geld dann noch einigermaßen geordnet verteilt worden. Aber das war so ein Stück Anliegen, auch von mir, um zu sagen, das ist alles sauber bis zum Ende gebracht und ja auch personalmäßig dann entsprechend abgewickelt worden. Es sind einige, die Arbeit gefunden haben, einige die irgendwelche Vorruhestandsregelungen in Anspruch genommen haben, einige die auch arbeitslos geworden sind, von den ehemaligen Ostkollegen.[138]

138 Transkript Merbitz, S. 12ff.

Stanges gewerkschaftliches Engagement ab 1990 war durch den drastischen Arbeitsplatzabbau und die Gängelung durch Schulleiter und -amt begründet.

Ich habe – das will ich vielleicht einschieben, weil das dann auch mit meinem weiteren Weg in der Schule zu tun hatte – ich habe mich dann auch '90/'91 gewerkschaftlich organisiert, und zwar gab es einen konkreten Anlass. Zu dieser Zeit hat das Land Sachsen, damals ja dann schon Freistaat geworden, hat die Pflichtstundenzahl der Lehrkräfte stark erhöht, also das, was sie an Unterrichtsverpflichtungen haben. Damit wurden sehr viele Stelle freigesetzt, viele Lehrer freigesetzt zu dem Zeitpunkt und das hat nicht nur zu einer höheren Arbeitsbelastung für die Kollegen geführt, sondern das führte auch zu Entlassungen oder mindestens zur Bedrohung von Entlassung, jenseits der politischen Entlassungen, die ja hier in Sachsen sehr rigide durchgezogen worden sind. Und im Kollegium gab es verständlicherweise eine große Aufregung: »Was passiert mit uns? Wie geht das weiter?« Das Schulsystem war noch nicht neu etabliert: »Können wir an unserer Schule bleiben? Müssen wir woanders hingehen? Werden wir entlassen eventuell?« Und das führte also zu großen Unruhen, und zu dem Zeitpunkt war die GEW gerade gegründet und in unserer Schule war eine sehr starke gewerkschaftliche Gruppe und in der habe ich mich dann auch von Anfang an engagiert, weil wir das Gefühl hatten, man muss etwas dagegen tun, man muss etwas gegen diese Entwicklung jetzt tun, man muss sich hier einmischen, muss sich einbringen in diese Entwicklung. Und ja, damit bin ich natürlich an meiner Schule nicht gerade auf die Freude des Schulleiters gestoßen, der dann plötzlich im nächsten Schuljahr auch keine Unterrichtsstunden mehr für mich hatte. Hinzu kam, dass also dieses Fach Physik, aber auch Mathematik, vor allen Dingen aber die Naturwissenschaften in der Stundentafel stark reduziert wurden, also gar nicht mehr so viele Unterrichtsstunden und so viele Fachlehrer in dem Bereich benötigt wurden. [...] Wir sind dann alle versetzt worden, alle Lehrer, die sozusagen neu in die ehemaligen Erweiterten Oberschulen gekommen sind, sind dann mehr oder weniger in einen großen Topf gekommen und verteilt worden, auf die neu zu gründenden Gymnasien, die ja in großer Zahl entstanden. Und so bin ich dann an mein, auch heute noch Stammgymnasium gekommen, am anderen Ende der Stadt. Das war so eine Art auch Strafversetzung, die aufgrund schon dieser gewerkschaftlichen Aktivitäten, durch das damalige Regionalschulamt und durch die Schulleitung auch ja eigentlich schon ziemlich offensichtlich getätigt wurde, weil die Schule, an die ich dann versetzt wurde, das neue Gymnasium, wirklich am anderen Ende der Stadt lag, und ich dann damals noch so quer durch die Stadt musste jeden Tag, um zu dieser Schule zu kommen.[139]

139 Transkript Stange, S. 3f.

Eva-Maria Stange betont, dass es zwar Unterstützung von der bundesdeutschen GEW gegeben habe, aber in jedem Fall die eigene Initiative und eigenes Lernen für die zu bewältigenden Probleme notwendig gewesen seien.

Die meisten hatten wirklich den Anspruch uns zu helfen, etwas Eigenes aufzubauen, etwas Eigenes aufzubauen und deswegen auch die Skepsis gegenüber der Angliederung an die Bundesrepublik. Also das eine hing mit dem anderen auch ein Stück zusammen, also diese (...), dieses Unterstützen-wollen: »Baut euch etwas Eigenes auf! Ja, wir unterstützen euch dabei, wir helfen euch dabei. Und übernehmt nicht nur das, was wir schon vorgelebt haben oder was wir gemacht haben!«, weil es ja auch eine sehr kritische Diskussion, also gerade was die Bildungspolitik anbelangt, hat es auch eine kritische Diskussion gegeben. Und dann gab es natürlich auch diejenigen, ich mache das mal an der Gesamtschuldiskussion ein bisschen deutlich, also einer inhaltlichen Debatte. Also der Westen konnte ja mit Kündigungen gar nichts anfangen, das muss man auch sagen. Deswegen war für uns das Personalvertretungsrecht auch so wichtig, dass wir recht schnell lernten, mit dem Personalvertretungsrecht umzugehen, also da konnte uns, da konnten uns die Kollegen aus dem Westen sowieso nicht viel helfen. Die hatten auch keine Ahnung, wie man Streiks organisiert oder größere Demonstrationen, da war nicht viel Kenntnis da, also Organisationskenntnis. Das mussten wir sowieso selber machen. Da haben sie uns geholfen, mit Manpower, wenn das denn notwendig gewesen ist, oder auch, ich glaube, auch finanziell, aber vor allen Dingen mit Manpower, aber wie man es macht, das haben wir ja selber gelernt.[140]

Peter Witte

Peter Witte nahm Ende 1989 sein gewerkschaftliches Engagement wieder auf. Er schildert die Bildung einer Arbeitsgruppe Gewerkschaft im Energiekombinat Berlin, die Verbreitung eines entsprechenden Flugblattes, Konflikte mit Alt-Kadern und die Kontaktsuche zu westdeutschen Arbeitnehmer- und Gewerkschaftsvertretern sowie seine Erfahrungen vom außerordentlichen FDGB-Kongress.

Mein Gesundheitszustand, sagte ich schon, war damals doch irgendwie angeknackst. Jedenfalls weiß ich noch, ich saß eines Tages in unserem Betriebsambulatorium, wartete auf einen Arzttermin und da kam ein Vertreter aus der damaligen ZBGL vorbei und sagte: »Peter, wir haben gestern beschlossen, du sollst wieder Vorsitzender werden!« Ich sagte: »Wie kommt ihr denn da drauf?« – »Ja du hast das damals so toll gemacht, und es ist eine Riesenschweinerei, wie die dich damals abgesetzt haben, die müssen dich wieder rehabilitieren, und du sollst Vorsitzender werden!« Da habe ich gesagt: »Du, da kriegst du mich nicht für. Es ehrt mich und ich finde das auch toll, aber mich kann keiner rehabili-

140 Ebd., S. 21.

tieren. Die, die mich … wer soll es denn machen, die, die mich damals da so verstoßen haben?! Und Konkursverwalter des FDGB und der ZBGL, das mache ich nicht, dafür bin ich nicht zu haben!« – »Mhm, naja was machen wir denn da? Wir brauchen dich!« Ich sagte: »Das einzige, was ich mir vorstellen könnte, wäre, dass wir parallel zu eurer ZBGL, die da alles abwickeln soll, was sich jetzt entwickelt, dass wir eine Arbeitsgruppe bilden, die sich damit befasst, wie wir denn neu anfangen, mit einer Gewerkschaft hier, wie wir die Gewerkschaft neu organisieren im Kombinat, oder wer weiß, wie das hier weiter geht, ob das im Kombinat überhaupt … hier nebenan ist die BEWAG, wir werden mit Sicherheit in absehbarer Zeit auch wieder ein Teil der BEWAG sein, denn die Trennung unserer Systeme wird mit Sicherheit nicht mehr allzu lange dauern.« – »Das ist eine tolle Idee, da, ich spreche mit denen. Und würdest du denn da?« Ich sage: »Ja, da kannst du mich für interessieren, da würde ich mitmachen.« Es vergingen wenige Stunden, da hatte ich ihn am Telefon: »Wir haben uns alle abgestimmt. Wir sind ganz begeistert. Wen würdest du denn da gerne haben wollen?« Und dann habe ich natürlich die Strategen da alle angeguckt, ich sagte: »Ja, ich würde gern den Günther Zink haben, der ist tariflich gut drauf, ich würde gern einen aus dem Bereich Eltverteilung haben, und dich würde ich gern haben«, das war der vom Betriebsambulatorium, weil der war verantwortlich für alle Themen Arbeitsschutz, Arbeitssicherheit, natürlich wie sich später herausstellte, eine ganz kluge Entscheidung. So, wir vier haben uns zusammengesetzt, haben jeden Tag von 16 Uhr manchmal bis 23 Uhr zusammengesessen und haben überlegt: »Was machen wir jetzt?« Der ganze Gewerkschaftsapparat, ob Kreisvorstand, Bezirksvorstand, ob vom FDGB, ob unser IG BE-Bezirksvorstand – den gab es ja in Berlin noch – oder aber die Zentrale in Halle, alle waren sprachlos. Von nirgendswo war irgendwas zu hören, keiner wusste: »Wie soll es denn überhaupt weitergehen?« Und dann haben wir uns hingesetzt und haben uns in Berlin mal ein bisschen umgehört, haben gehört, die Bergmann-Borsig-Leute haben ein Flugblatt unter die Leuten verteilt. »Machen wir auch!«, hingesetzt, Flugblatt entwickelt, und da wir, die wir da saßen, ja alles nur Energieleute waren, haben wir nicht gewusst: »Können wir … IG BE können wir auch nicht drüber setzen! Bergbau haben wir alle keine Ahnung. Aber Energie ist unsere Strecke.« Also haben wir ein Flugblatt entwickelt: »Arbeitsgruppe Gewerkschaft im VEB Energiewirtschaft Berlin, Gewerkschaft Energie, Vertrauen neu gewinnen« und haben mal so zusammengeschrieben: »Was will die Gewerkschaft, was wollen wir erreichen und wie können wir überhaupt das Interesse an der Gewerkschaft neu wecken?« Und ja, das Flugblatt schlug ein wie eine Bombe, und ich hatte, wie eben manchmal so die Eingebungen sind, mir gedacht: »Verdammt nochmal, haben wir uns viel Arbeit gemacht, sieht gut aus, schick' doch mal 50, 80 Exemplare an die anderen Energiekombinate, die sitzen ja genauso da und wissen nicht, wie sie weiterkommen.« Und das war eine Idee, die besser nicht sein konnte, die sich durchweg dann am Ende auch, wie soll man sagen, als genau richtig herausgestellt hat. Ja, in dieser Zeit gab es natürlich dann zunehmend Kontakte, ich suchte Kontakt mit natürlich den anderen Betrieben. Mein Name ging ab und zu mal durch die Presse und das hatte wieder zur Folge, dass andere wieder bei mir anriefen, und ich hatte bereits Anfang Dezember einen sehr, sehr wichtigen Kontakt und zwar, sage ich mal, ein quasi Cousin von mir, der in West-Berlin beim Fernsehen beschäftigt war, mit dem ich sehr schnell Kontakt hatte, der sagte mir: »Mensch du musst so schnell wie möglich Kontakt kriegen hier mit Leuten, die euch weiterhelfen können. Ich schlag dir vor, du triffst dich mal mit dem Ulf Fink.« Ulf Fink[141] war für mich erst mal ein Buch mit sieben Siegeln. »Ja, der ist Vorsitzender der Christlich-Demokratischen Arbeitnehmerschaft, also CDU-Mann.« Ich sagte: »Das spielte alles überhaupt keine Rolle. Wir wollen alle Seiten hören!«, und es gab dieses Treffen mit Ulf Fink, mit dem Ergebnis, dass ich … und das Treffen fand bezeichnenderweise im InterConti in der Budapester Straße statt, am Rande eines kleinen CDU-Parteitages, der dort stattfand. Der Fink kam in der Pause raus, wir setzten uns da in die Ecke, und ich erzählte ihm meine Sorgen, dass wir eben absolut nichts haben, nichts kennen, kein Betriebsverfassungsgesetz kennen, nicht mal wissen, was sind überhaupt Betriebsräte, waren alles Bücher mit sieben Siegeln. Und der fragte mich natürlich, wer ich bin, und es gab damals bereits die ersten Kontakte eben auch mit anderen Berliner Gewerkschaftern, Gewerkschaftsvertretern, die sich locker zusammengefunden hatten. Und das Ergebnis war, dass er vorhatte, einen, will nicht sagen, Gewerkschaftsstammtisch einzurichten, der dann auch eingerichtet wurde. Und das Ergebnis war, dass, als ich abends nach Hause kam, unter meinem Fußabtreter in der Jakobistraße, wo ich gewohnt habe, schon so einen Stapel Betriebsverfassungsgesetze, Broschüren und diverse andere wichtige Sachen lagen, die uns sehr geholfen haben. Detlef Ebel war der Vorsitzende der CDA-Berlin-Niederlassung. So und über Ulf Fink und über meinen Hajo Lorenz habe ich dann auch sehr schnell, der hat dann auch sehr schnell den Kontakt mit dem Michael Pagels[142] hergestellt. Wir haben dann auch zusammengesessen und der fragte natürlich auch: »Wie soll es denn nun weitergehen und was wird denn nun das Nächste sein?« Na, ich sagte: »Na, der FDGB plant wohl die Vorbereitung eines außerordentlichen Kongresses, aber wir haben eigentlich gar nicht so große Lust mit dem FDGB hier noch groß einen Staat zu machen.« Naja, er sagte natürlich auch: »Es sind nun mal die jetzt vorgeschriebenen und bestehenden Gremien bei euch. Ihr könnt doch nicht alle über den Haufen werfen, bevor ihr nicht was Neues habt.« So, in Vorbereitung auf diesen Kongress und weil wohl auch dann die IG Bergbau-Energie in Halle anfing so ein bisschen aus dem Dornröschenschlaf zu erwecken, der Vorsitzende war weggelaufen, es gab ein Arbeitssekretariat, dass dann sehr schnell auch unter den Vorsitz von Willi Raupach kam, dem damaligen Bezirksleiter IG BE Thüringen, und die riefen alle zusammen, die möglicherweise zu diesem außerordentlichen Kongress des FDGB gehen sollten. Na Entschuldigung, es gab davor noch eine Zusammenkunft und zwar eine Zusammenkunft des erweiterten Hauptvorstandes der IG BE in Halle, und da

141 Ulf Fink (1942), 1987 bis 1993 Bundesvorsitzender der Christlich-Demokratischen Arbeitnehmerschaft (CDA), 1990 bis 1994 stellvertretender Bundesvorsitzender des Deutschen Gewerkschaftsbundes, 1981 bis 1989 Senator für Gesundheit und Soziales des Landes Berlin.

142 Michael Pagels, bis 1991 Landesvorsitzender des DGB, Berlin.

wurde ich und mein Vertreter, der dann auch auf dem FDGB-Kongress mit dabei war, geladen, und wir sollten mal Rechenschaft ablegen, was denn das hier mit dieser Gewerkschaft Energie sein sollte. Also man wollte mir unterstellen, dass ich sozusagen Spaltpilz bin und versuche die IG BE oder die Energiebranche aus der Gewerkschaft herauszulösen. Und dieser Manfred Martin, der wetterte da vorne fürchterlich rum auf seinem Präsidium, und irgendwann bekam ich dann das Wort und bin da nach vorne gegangen und habe da zurück geantwortet, habe ihnen vorgeworfen, dass wir in den Gewerkschaften in allen Unternehmen, Kombinaten sitzen und von unserer Gewerkschaft eigentlich überhaupt nichts hören, »es ist ja das erste Mal, dass ich hier überhaupt Kontakt mit euch habe«, und habe dann natürlich auch gleich ein paar Forderungen gestellt, dass man also das und das und das doch ganz anders anpacken müsste, dass unsere Generaldirektoren schon mit allen möglichen Gremien, unser Berliner zum Beispiel mit der West-BEWAG natürlich und mit PreussenElektra seine Verhandlungen führte, und wir mit den Gewerkschaften, wir sitzen da und machen überhaupt nichts, so nach dem Motto. Riesen Beifall bekommen und dann traten, und jetzt komme ich zurück, was ich vorhin sagte, traten zwei, drei auf, ich weiß heute noch, der – weiß nicht, ob er noch BGL-Vorsitzender … – jedenfalls der damalige Sprecher des Energiekombinat Gera, der stand auf und sagte: »Ja, der Peter Witte, das ist genau der Richtige, der hat uns die Flugblätter geschickt, hier von euch haben wir überhaupt nichts bekommen. Wir hoffen, wir haben wieder neuen Mut gefasst, und wir haben uns neu konstituiert.« Und so ging das dann weiter und ja am Ende großer Beifall für mich und für uns aus Berlin, und dann sind wir wieder nach Hause gefahren und haben weiter gemacht in Berlin. Und wenige Wochen später kam dann die Einladung. […] Und der Kongress lief aber völlig anders ab und im Nachhinein müssen wir wohl feststellen, dass wir im Rahmen des Arbeitssekretariates der IG BE natürlich auch noch ein, zwei Vertreter hatten, die auch Mitglied des Vorbereitungsstabes für den außerordentlichen Kongress waren, und der Vertreter aus unserer Gewerkschaft hat natürlich dort brühwarm berichtet, was unsere Delegation vorhatte. Nämlich sie hatte vor, zum Beispiel, dass der FDGB mit diesem Kongress beschließt, das F zu streichen, aus seinem Namen, dass er sich DGB, Deutscher Gewerkschaftsbund (Ost) nennt und damit schon mal eine Grundlage schafft, um mit dem DGB sehr schnell zusammenzugehen. Ich hatte mit Michael Pagels, dem DGB-Vorsitzenden von West-Berlin, schon, wenn man so will, abgestimmt, dass, wenn das passieren sollte, dass er dann eingeladen wird und spontan als Vertreter des DGB auf dem Kongress reden sollte. Das war also in der Kongressleitung bekannt, mit dem Ergebnis, dass diese Statements der Gewerkschaften gestrichen wurden und es gleich in medias res in die Einzeldiskussionen ging. Ich kam also nie, wenn man so will, ran zum Sprechen. Es wurden einzelne Blöcke aufgerufen: Feriendienst und Arbeitsschutz und weiß ich was alles. Und ich habe dann immer aus meinem Referat dem, der von uns dazu sprach, also hier meinen, unseren Beitrag weitergegeben und wir haben natürlich uns dort eingemischt, aber so richtig zum Zuge sind wir nicht gekommen, bis dann der Kongress dem Ende zuging und nochmal eine freie Diskussion offen war. Ach so, vorweg, muss ich vielleicht noch sagen, wir setzten uns natürlich als IG BE auch durch, indem wir den Kongress dahingehend durcheinanderbrachten, dass nicht der vorbereitete Werner Peplowski[143] neuer FDGB-Chef wurde, sondern Helga Mausch[144], ein Mitglied unserer Delegation, die wir in der Nacht, von einem Tag zum anderen, einem Kongresstag zum nächsten, überredet haben, doch zu kandidieren, weil wir eigentlich und absolut nicht wollten, dass einer von den Hardlinern dort den FDGB weiter führen sollte. Und wie wir es dann auch geahnt haben, Helga Mausch wurde mit großer Mehrheit Vorsitzende des FDGB, was natürlich eine Pleite für die ganze Vorbereitungsstrategie des alten Vorbereitungsstabes war. Ja, kurz vor Abschluss des Kongresses gab es nochmal eine offene Diskussionsrunde, und ich weiß noch, unsere Delegation war irgendwo weiter oben, in einem der Ränge untergebracht. Wir hatten das Mikro 19, und Mikro 19 kam nie ran, weil die wussten da unten, was wir da oben wahrscheinlich noch einbringen würden. Das ging so lange, bis dann einer unten, ich weiß nicht mehr, Mikro 6, Mikro 7 sagte: »Verdammt nochmal, jetzt nehmt doch mal endlich oben die von Mikro 19 ran! Die haben doch auch mal was zu sagen.« Und schon war ich dran. Jede Delegation hatte natürlich so ein Mikro dann auch in Reichweite und ich habe dort unten, dort gesagt: »Es kann doch einfach nicht wahr sein, dass wir den Kongress jetzt abschließen, ohne auch nur ein Wort zum DGB, zu unserer, wenn man so will Bruder- oder Schwesterorganisation im anderen Teil Deutschlands hier abzugeben!«, Gejohle und Beifall. Gegenfrage: »Hast du denn etwas?« – »Aber ja, ich habe hier einen Beschluss vorbereitet und den sollten wir auch beschließen!« Und dann bin ich da runter. Unten gab es ein Gewusel im Präsidium und am Ende haben wir diesen Beschluss gefasst, allerdings nicht in dem Sinne, wie wir es haben wollten, sondern in dem Sinne, dass zu dem Gewerkschaftsnamen eine Urabstimmung vereinbart wurde. Das hat sich am Ende alles von selbst erledigt, aber das war nochmal so ein kleiner Gong, den wir dort als IG Bergbau-Energie mit in dieses ganze Geschehen da eingebracht haben.[145]

West-Ost-Erfahrung

Fast alle Zeitzeuginnen und Zeitzeugen beschreiben die Unterstützung der westdeutschen Kolleginnen und Kollegen als hilfreich und wichtig, auch wenn diese nicht immer den großen Anforderungen gerecht wurden. Eine zu geringe Mitbestimmung bei der Übernahme der bundesdeutschen Strukturen wird dabei mitunter mit dem Gefühl des »Überstülpens« beschrieben. Dabei müssen Ebenen und Phasen unterschieden werden.

143 Werner Peplowski (1944), 1985–1990 Vorsitzender des Zentralvorstandes der IG Druck und Papier, Mitglied des FDGB-Bundesvorstandes, Dezember 1989 Vorsitzender des Vorbereitungsausschusses für den außerordentlichen FDGB-Kongress.

144 Helga Mausch (1945), Februar 1990 Vorsitzende des Geschäftsführenden Vorstandes des FDGB.

145 Transkript Witte, S. 6–12.

Die direkte Unterstützung einzelner Gewerkschaftsgliederungen in einer frühen Phase 1989/90 ist anders zu beurteilen als der auf zentraler Ebene der Kongresse vollzogene Einheitsprozess Ende 1990.

Regina Klefler

Regina Klefler schätzt die Hilfe der westdeutschen Kollegen durchweg positiv ein.

Also alle Kollegen, es waren übrigens alles Männer, die da hier kamen, haben nicht versucht, uns irgendwas überzustülpen. Die haben wirklich ganz sachlich, fachlich uns beraten, mit uns diskutiert, was wir machen könnten, und haben uns in der Forderung, die wir hatten, bestärkt, die Vertrauensleute zu behalten. Das war für die Kollegen also auch ein ganz wichtiger Punkt, zu sagen: »Mensch ihr habt Vertrauensleute, seht zu, dass ihr die behaltet!« Ja, aber das ging ja dann später nicht. Aber das waren so Sachen. Und sie haben uns natürlich logischerweise auch geholfen, Betriebsratswahlen durchzuführen, also die fachliche Beratung gemacht: Betriebsverfassungsgesetz, Schulungen mit uns und auch mit ehrenamtlichen Gewerkschaftsfunktionären. Das ist hier alles ..., das ist gemacht worden. Wir können uns da nicht beschweren. Also ich, in meiner Person, kann mich über niemanden beschweren, dass die uns hier versucht haben auszutricksen oder uns irgendwas überstülpen wollten.[146]

Günter Petzsch

Günter Petzsch erinnert diese Kontakte in der Anfangsphase ähnlich positiv.

Das war Ende des Jahres ’89, Anfang ’90, da bin ich dann gewechselt zur IG Chemie, Glas und Keramik, und wir haben dort in diesem Zeitraum die ersten Kontakte geknüpft, zur Verwaltungsstelle Selb im Bayerischen oder sagt man besser Fränkischen – da gibt es ja so, doch Gepflogenheiten, die man da berücksichtigen muss, bei denen. Das heißt, wir haben dort nach der Wende, der Heinz und ich, Kollegen gefunden, in der Verwaltungsstelle in Selb, es war wunderbar. Die haben uns ausgerüstet, die Kollegen, mit allen Unterlagen, mit allem Material, ob das erst einmal ein Betriebsverfassungsgesetz war oder andere Dinge, all das, was wir nicht kannten. Man sagt hier in Sachsen, das waren für uns alles »böhmische Dörfer«. Man musste ja sich völlig neu orientieren, auch in der neuen Zeit, was künftig die Aufgaben für einen Gewerkschaftssekretär bedeuten, und da haben uns die Kollegen in der Verwaltungsstelle Selb sehr, sehr geholfen. Wir haben sehr freundschaftlichen Kontakt, haben uns auch besucht und das war eine Anerkennung, das war eine Gleichberechtigung, auch, wir wurden nicht irgendwo betrachtet, aufgrund unserer

146 Transkript Klefler, S. 21 f.

Vergangenheit, sondern wir haben uns so verständigt, dass wir aufgrund der bevorstehenden Aufgaben uns so ergänzen und helfen, und das haben die Kollegen wunderwunderbar gemacht.[147]

Er bemängelt jedoch den mangelnden Einsatz genügend kompetenter Kolleginnen und Kollegen aus den Westgewerkschaften.

Für mich hätten die Besten hierher gemusst, in den ostdeutschen Raum und wenn sie – früher hat man das vielleicht anders formuliert – mit Verpflichtung, dienstverpflichtet, aber fast, wenn sie zumindest mal abgestellt gewesen wären, für ein halbes Jahr oder ein Jahr, sagen: »Mensch, geht doch rüber! Pendelt mal!«, so, und diese Prämie, die es gibt, oder wie die Leute dann noch motiviert worden sind, ich weiß es nicht. Es ist natürlich immer ein menschliches Problem, Leute zu gewinnen, die fähig sind, dann hierüberzugehen, zumal damals: Es gab die Autobahnen nicht, wie sie heute sind, oder vieles andere, und es war ja für viele Westkollegen ein Horror, in den Osten zu gehen. Es war ihnen ein richtiger Horror, das habe ich doch oft gehört, wenn man mal in Hannover oder irgendwo war und man hat abends mal ein Bier zusammen getrunken und so: »In den Osten …?!« Aber man hätte die besten Leute, die beste Qualität hätte man eigentlich gebraucht, so für diese Anfangszeit. Dann wären sicher auch die im Osten, die Leute, die auch fähig sind, mal Verantwortung zu übernehmen, soweit gewesen, dann das Schiff, das Ruder in die Hand zu nehmen. Aber das ist damals nur punktuell passiert, glaube ich. Da hat an mancher Ecke, hat schon ein Stück Qualität gefehlt. Das hätte man vielleicht mal anders machen können. Aber wie gesagt, im Nachhinein … das ist alles so … es war sicher auch schwierig, ad hoc solche Entscheidungen zu treffen und schlagartig so ein Personal zusammenzustellen, was diese Aufgaben dann übernimmt und auch bereit ist, dann in den Osten zu gehen. Das ist sicher nicht einfach.[148]

Peter Schulze

Schulze empfand die erfolgte Übernahme der bundesdeutschen Gewerkschaftsstrukturen ohne die entsprechende Mitbestimmung und Mitwirkung der ostdeutschen Kolleginnen und Kollegen als bedrückend.

Wir haben damals die IG Bau-Holz neu gegründet in Bernau und haben damals in dieser Nacht-und-Nebel-Sitzung da einen neuen Vorstand gewählt, das war richtig toll. Und dann war wenige Zeit später, war dann schon der Auflösungskongress der IG Bau-Holz. Das war eigentlich eine traurige Angelegenheit, aber das war die Voraussetzung, um mit der IG Bau-Steine-Erden dann zusammenzugehen, eine Gewerkschaft zu sein.

147 Transkript Petzsch, S. 6.
148 Ebd., S. 35f.

Da war dann so der … Das war dann auch das erste Mal, wo wir dann unsere Grenzen erkannt haben. Wir haben in Berlin unseren … ich war Delegierter auf diesem Auflösungskongress und war Vorsitzender der Antragsberatungskommission und als betrieblicher Funktionär, ich war damals ehrenamtlich in der Gewerkschaft tätig und wie gesagt dort. Und dann haben wir viele Anträge gehabt – Was wollen wir da mit einbringen in diese neue Gewerkschaft? – und Vorstellungen gehabt: Wie könnte sich so was gestalten? So ganz einfache Dinge fallen mir da so ein, ich sage mal, wir haben gesagt: »Die Renten in der DDR sind viel, viel geringer als im Westen, also müsste im Prinzip doch das geregelt sein, dass die Rentner in der DDR 50 Pfennig«, D-Mark hatten wir ja damals noch … »50 Pfennig nur Beitrag bezahlen«, nur mal als ein Beispiel. Und dann war damals Bruno Köbele[149] Gast unseres Gewerkschaftstages und der kam dann zu uns in die Beratungskommission und der hat dann zu uns gesagt: »Also liebe Kollegen, ihr könnt sicherlich hier alle solche Anträge stellen, aber ihr tretet der IG Bau-Steine-Erden bei und das entscheiden die Delegierten der IG Bau-Steine-Erden und nicht ihr!« Das war dann schon ein Dämpfer, wo ich gesagt habe: »Hm, na gut, auch wenn das Demokratie ist, dann ist das so.« Und dann haben wir diesen Auflösungskongress gehabt. Wir haben uns dann aufgelöst, mit dem Ziel mit der IG Bau-Steine-Erden zusammenzuschließen. Und dann wurden auf diesem Kongress 30 Delegierte gewählt, die als Gastdelegierte an dem außerordentlichen Gewerkschaftstag der IG Bau-Steine-Erden teilnehmen durften. Wir waren Gastdelegierte. Dabei gehörte ich mit zu diesen 30 Gastdelegierten dazu. Und dann sind wir dort nach Frankfurt gekommen, zu diesem außerordentlichen Gewerkschaftstag, das Erste war, dass man uns erst mal deutlich gemacht hat, dass wir Gäste sind und wir kein Rederecht haben auf diesem außerordentlichen Gewerkschaftstag. Das war so ein … Wir waren so euphorisch in dieser Situation, wir haben was Neues aufgebaut, wir haben das alte DDR-Regime hinweg gejagt und wir sind beim Aufbau und dann kommt der Dämpfer: »Aber ihr habt hier kein Rederecht!« Und dann war das sehr bedrückend, dass die Delegierten der IG Bau-Steine-Erden in einer sehr kontroversen Diskussion darüber entschieden haben, ob wir Mitglied werden dürfen oder nicht. Und keiner von uns hatte das Recht da mitzureden. Das war schon bedrückend. Das war schon bedrückend. Dann hat die Organisation da beschlossen, wir dürfen.[150]

Die zunächst sehr gute Zusammenarbeit zwischen ost- und westdeutschen Kolleginnen und Kollegen, die bis in private Freundschaften mündete, veränderte sich mit dem Ende des Baubooms in Ostdeutschland und es entstanden neue Ressentiments von westdeutscher Seite.

Ich sage mal, wir haben hier zwischen Magdeburg und Braunschweig haben wir dann eine … etwas gemacht. Wir haben ein Familienwochenende organisiert. Wir haben

149 Bruno Köbele (1934), 1982 stellvertretender Vorsitzender, 1991 bis 1995 Vorsitzender der IG Bau-Steine-Erden.

150 Transkript Schulze, S. 10.

gesagt: »Wir haben auf der einen Seite, wir als Funktionäre kommen ab und zu mal zusammen, so auf Konferenzen oder so was. Aber so Otto-der-Normalverbraucher, so unsere einfachen Kolleginnen und Kollegen, nicht.« Und dann haben wir ein Familienwochenende … da haben wir so an alle Mitglieder Briefe rausgeschickt: »Wer Lust hat, der kann mit uns ein Wochenende in Sankt-Andreasberg«, das ist hier im Harz, da haben wir als Gewerkschaft noch ein eigenes Ferienheim mit einer recht großen Kapazität, »und wer Lust hat, kann mit Kind und Kegel da mal ein Wochenende hinfahren. Einzige Voraussetzung ist, wir machen am Samstag auch so eine politische Diskussion an einem Vormittag. Ansonsten könnt ihr euch den Harz ein bisschen angucken.« Und am Sonntagmorgen vor dem Mittagessen war dann politischer Frühshoppen. Das war rammelvoll, also die Plätze waren ruck zuck ausgebucht und da war Hälfte Braunschweiger, also Hälfte Niedersachsen, Hälfte Sachsen-Anhalt. Und das war einfach toll, weil das waren Kollegen, die normal auf der Baustelle gearbeitet oder in einem Architekturbüro gearbeitet haben, die sich dann dort kennengelernt haben und schätzen gelernt haben. Dass man also auch im Prinzip …, dass uns gar nicht so sehr viel trennt, ja. Und das hat viel dazu beigetragen, auch so ein gegenseitiges Verständnis … und da konnte man dann auch so erleben, wie sich das so gewandelt hat. Denn das haben wir fast zehn Jahre lang gemacht. Und dann ist so Ende der neunziger Jahre, ist das dann da eskaliert auf solch einer Tagung. Dann hat dann ein Kollege dann sehr lautstark in dieser Diskussionsrunde, die wir immer gemacht haben – wir haben meistens irgendwie ein politisches Thema genommen oder auch mal ein arbeitsrechtliches Thema, was wir dann so zwischen Ost und West diskutiert haben – und da ist dann ein Kollege mal ausgeflippt und hat gesagt: »Also, wenn es nach mir geht dann müsste man jetzt«, ein niedersächsischer Kollege, »dann müsste man die Mauer wieder hochziehen. Ihr habt uns alles kaputtgemacht, die Tarifverträge gehen flöten, weil ihr euch nicht an die Tarife haltet«, und da ist dann dieses traditionelle Treffen geplatzt an diesem Tag, weil dann wurde das zu einer Diskussionsrunde, wo dann einer den anderen übertreffen wollte, ja, eigentlich schade drum.[151]

Trotz der geschilderten Probleme im Ost-West-Verhältnis sieht Peter Schulze die Einheit als Glücksfall der Geschichte und fühlt sich in der nun gemeinsamen Gewerkschaft gleichberechtigt, auch wenn die tarifvertragliche Entwicklung neue Gräben erkennen ließ.

Dann sind wir dann das erste Mal auch als volle Mitglieder dann zu dem ordentlichen Gewerkschaftstag gewählte Delegierte gewesen. Ich war dann auch Delegierter auf diesem neuen Gewerkschaftstag. Das war schon toll. Das war dann der erste Gewerkschaftstag, an dem Ost und West gleichberechtigt daran teilgenommen haben und eben prozentual an der Mitgliedschaft haben unsere Kollegen als ganz normale Delegierte … Das war schon ein tolles Gefühl: »Jetzt gehören wir dazu! Jetzt sind wir auch … Das ist unsere gemeinsame Gewerkschaft.« Und zu der damaligen Zeit muss man auch immer noch

151 Ebd., S. 45 f.

deutlich sagen, war die große Harmonie auch immer noch da, dass die deutsche Einheit war bei allen Querelen, war ein Glücksfall in der Geschichte, und das haben die Menschen auch so im Herzen empfunden, und das war auch so auf diesen Gewerkschaftstagen deutlich spürbar, weil sich teilweise auch Jahre danach noch Leute dann in den Armen gehalten haben, die sonst eigentlich gar nichts miteinander zu tun hatten. Das gibt es schon ein bisschen, einen Wandel auch so in der Zeit, weil durch die tarifvertragliche Entwicklung, wo im Osten doch das Tarifsystem ziemlich eingebrochen ist, weil die Arbeitgeberstrukturen fast völlig weggefallen sind, ist das in der Tat so, dass Betriebe aus dem Osten in den alten Bundesländern Angebote machen nur zum Mindestlohn und daher das Tarifgefüge arg unter Druck setzen. Also auch im Westen gibt es nicht mehr die hundertprozentige Tarifzahlung, auch da bröckelt das System. Und da muss ja jemand schuld sein und schuld sind dann die Ossis, die ihren Lohn nicht einfordern, und das ist dann auch so manchmal die Diskussion, wie der Druck dann auf den Leuten war, nachdem diese Investitionsförderung West wegge… Das kann keiner so richtig nachvollziehen, wenn er hier nicht selber in der Situation ist, ja.[152]

Eva-Maria Stange

Eva-Maria Stange empfindet die Unterstützung der westdeutschen Landesverbände als hilfreich und nicht aufgedrängt. Vielmehr wurde geraten etwas Eigenes, Neues in der DDR aufzubauen, auch weil vonseiten der GEW (West) durchaus Skepsis gegenüber dem schnellen Weg der Angliederung an die BRD bestand. Sie hat nicht das Gefühl des »Überstülpens«, sondern stellt die eigene Initiative der ostdeutschen Gewerkschaftsmitglieder heraus, auch weil für die bundesdeutsche GEW arbeitsrechtliche und streikrechtliche Regelungen kaum eine Rolle spielten. Deshalb musste sich die GEW (Ost) das erforderliche Wissen weitestgehend selbst aneignen und entwickelte dadurch auch ein anderes Selbstbewusstsein. Da die GEW anders als andere Gewerkschaften föderal organisiert ist, hatten die fünf neuen Bundesländer auch ein anderes Mitspracherecht, um ihre Interessen zu artikulieren.

Also, unsere GEW, manches habe ich ja damals schon mitbekommen, nämlich die GEW ist, das muss man dazu sagen, anders als alle anderen Gewerkschaften ja eine föderale Organisation, das heißt, die Landesverbände haben Personalhoheit über ihre Beschäftigten und Organisationshoheit und natürlich finanzielle Hoheit über ihr Geld. Und das ist anders als zum Beispiel bei der IG Metall oder bei ver.di oder damals ÖTV, wo ja die Gesamtorganisation auch für die Teilgliederungen, also ein zentralistisch organisierter Apparat ist. Wir sind föderal organisiert, das heißt, die Bundesorganisation hat den Aufbau mit unterstützt, aber die tatsächliche Hilfe kam aus den Landesverbänden. Also bei uns hat zum Beispiel der Landesverband Nordrhein-Westfalen und teilweise Baden-

152 Ebd., S. 50f.

Württemberg sehr stark mitgeholfen. Das hing auch damit zusammen, dass Sachsen ja mit Baden-Württemberg, also das Land Sachsen mit Baden-Württemberg kooperiert hat. Damit haben sich unsere Kollegen in Baden-Württemberg auch stärker für die Gewerkschaftsarbeit hier interessiert und engagiert und die haben beim Aufbau der neuen Organisationsstrukturen vor allen Dingen geholfen. Also die sind nicht hierhergekommen und haben gesagt: »Das ist unsere Beschlusslage und die müsst ihr jetzt umsetzen!« – ich überspitze es jetzt mal ein bisschen – oder: »Wir sagen euch wie Organisation funktioniert«. Sondern die haben uns einfach geholfen, diese gewerkschaftlichen Organisationen auch aufzubauen oder zum Beispiel auch die Personalratsschulungen, die sind sehr stark von einem Kollegen aus Baden-Württemberg durchgeführt worden, was uns sehr, sehr geholfen hat damals, dieses neue Instrument personalrechtlicher Arbeit überhaupt nutzen zu können, auch als Teil gewerkschaftlicher Arbeit dann. Und es haben sich alle Kollegen ja wieder, also diese gewerkschaftliche Unterstützung hat sich ja dann wieder zurückgezogen. Das ist also nicht ... Wir haben auch hier keine Funktionäre aus dem Zentralapparat oder irgendwas, sondern das ist alles eine Rekrutierung aus den eigenen Reihen gewesen, also alle Kreisverbände, Landesvorstand und so weiter, das sind alles Kollegen aus den Einrichtungen gewesen oder eben zumindest aus Sachsen, also es sei denn, sie sind zu dem Zeitpunkt schon hierher gezogen gewesen und waren dann schon quasi Sachsen, mehr oder weniger. Es sind also keine jetzt, die vom Hauptvorstand gekommen wären oder aus dem geschäftsführenden Vorstand der Bundesorganisation und hier etabliert worden wären, sondern es ist eine komplette Besetzung aus der Organisation selbst, aus Wahlen aus der Organisation selbst. Und von daher war die Hilfe aus der West-GEW sehr gut. Die westliche GEW hat ja ähnlich, wie das auch bei der SPD der Fall gewesen ist, war sehr skeptisch gegenüber dieser Art des Einigungspro... oder der Wiedervereinigung, wie schnell sie gelaufen ist und wie sie verlaufen ist, also auch was das Thema Angliederung anbelangt, hat es sehr viel Skepsis gegeben, ob das der richtige Weg ist. Ja, und wie gesagt, gelebt wurde auch etwas anderes, gelebt wurde eben diese Eigenständigkeit: »Also ihr müsst selber wissen, was für euch gut ist! Wir sagen euch, wie so etwas funktionieren könnte, wie man Mitgliedsbeiträge einzieht und solche Sachen, aber ihr müsst es selber organisieren!« Und das fand ich sehr hilfreich, das hat uns auch sehr stark gemacht und gut, da kann ich nachher noch was dazu sagen, das hat auch dazu geführt, dass die Ost-GEW in der Tat anders gearbeitet hat, von Anfang an auch eine andere Vorstellung von gewerkschaftlicher Arbeit hatte, als die West-GEW.[153]

Fortsetzung und Begründung zum letzten Punkt der unterschiedlichen Vorstellung gewerkschaftlicher Arbeit:

Also da haben wir dann gemerkt, dass eben zwei Welten bei den Gewerkschaften, zwischen West- und Ostgewerkschaft aufeinanderprallten. Während wir hier im Osten

153 Transkript Stange, S. 18f.

von Anfang an uns sehr stark um die Arbeitsverhältnisse der Kollegen kümmern mussten, egal, ob das jetzt die Kita, die Schule oder die Hochschule gewesen ist, die Personalratsarbeit sehr professionalisieren mussten, um über dieses Instrument auch rechtliche Handhabung zu haben, hat man sich im Westen, weil sie eben sehr traditionell aus der Lehrerbeamtenschaft entstanden ist, sehr stark auf die Bildungspolitik konzentriert, was uns zwar auch interessiert hat, aber was jetzt nicht so existenziell war, wie eben die arbeitsrechtliche Seite. Und von daher hat sich hier schon eine andere gewerkschaftliche Kultur entwickelt, die uns auch immer wieder in, auch bis in den Hauptvorstand hinein, also in die obersten Gremien der Organisation hinein, dann zu den Auseinandersetzungen führten: »Müsst ihr denn diesen Tarifvertrag abschließen? Müsst ihr denn in Teilzeit gehen?«, weil man sich das nicht vorstellen konnte, das es in der Tat keine andere Möglichkeit mehr gibt. Also das sind, wie gesagt, solche unterschiedlichen Kulturen haben sich dann erst später herausgestellt. In den ersten Jahren war es eine sehr hilfreiche, wichtige Unterstützung durch die Gesamtorganisation für den Aufbau hier.[154]

Renate Hürtgen

Hürtgen beurteilt die Kontakte der IUG mit westdeutschen Gewerkschafterinnen und Gewerkschaftern als wenig ergiebig.

Sie haben mit dieser Basisbewegung wenig anfangen können. Sie haben es ausschließlich unter dem Aspekt: »Wird es was? Kriegen die hier was hin?«, weil dann wären sie vielleicht ja Partner geworden, betrachtet, aber nicht unter dem Aspekt: »Hier ist etwas, was wir unbedingt unterstützen müssen, damit sie zu Partnern werden.«[155]

Für ein vereintes Deutschland wäre es ihr Wunsch gewesen, etwas gemeinsames Neues zu schaffen, gerade auf gewerkschaftlicher Ebene.

Also praktisch nicht einfach zu kommen und das Arbeitsgesetz und die Verfassung und die gewerkschaftlichen Strukturen zu übernehmen und überzustülpen, sondern einfach zu gucken: »Gibt es etwas gemeinsames Neues?«[156]

154 Ebd., S. 24.
155 Transkript Hürtgen, S. 27.
156 Ebd., S. 59.

Dieter Walther

Dieter Walther hatte den Eindruck, mit seinem Betriebsrat von der IG Metall (West) okkupiert zu werden.

Und da haben wir also uns so nach dem Betriebsverfassungsgesetz (…) ist der Betriebsrat gewählt worden. Und ja wie war das eigentlich? Das war ganz komisch. Wir waren also in Amt und Würden und es hat also alles gestimmt, also die Vollvertreter und dann der ganze Kram. Dann ist es also so gewesen, dass uns dann … Nein, ich formuliere das mal anders. Wir hatten also den Eindruck, dass also die Gewerkschaft, die das meiste Geld hat, uns einfach okkupiert hat. Wir durften also übertreten in die Westgewerkschaft der IG Metall, die Ostgewerkschaft gab es ja dann nicht mehr und denn war … Es war uns also … Quasi sind wir veräppelt worden. Es ist gesagt worden, wir müssen das nach dem Betriebsverfassungsgesetz machen. Wir haben das auch wirklich gemacht und auf Punkt und Komma geachtet und dann sind die denkenden Menschen dann quasi als blöd, für blöd erklärt worden. Das also hat uns mächtig gewurmt, aber es half ja nichts.[157]

Er erfährt ein »Überstülpen« der Strukturen der westdeutschen IG Metall.

Also einmal haben sie nicht gefragt, was wir wollen, und dann haben Sie uns gar nicht gefragt: »Wie seid ihr organisiert, was habt ihr bisher gemacht, wie geht es euch?« Überhaupt nicht. Sie sind gekommen, haben uns übernommen und fertig und haben ihre Strukturen durchgesetzt.[158]

Peter Witte

Witte beschreibt die unterschiedlichen Verhaltensweisen bei der ersten Kontaktaufnahme zur IG BE und ÖTV auch im Kontrast zur Darstellung in Manfred Scharrers Publikation[159].

Der Kongress[160] war zu Ende, ich ging wieder in mein Energiekombinat, habe da in dieser Dispatcherarbeitsgruppe gearbeitet und weiterhin meine Arbeitsgruppe Gewerkschaft gepflegt und muss vielleicht sagen oder ja kann dazu sagen, dass ich durch einen mehr oder weniger Zufall, von einem sehr guten Bekannten unserer Familie, der offensichtlich hier meine Bemühungen aus der Ferne beobachtet hatte, der kam aus dem Raum Köln-Bonn, also aus Nordrhein-Westfalen, der schickte mir eines Tages zwei Zeitungen, und das deshalb, weil in diesen Zeitungen zwei Artikel drin waren, vom Pressesprecher der IG Bergbau-Energie, zum Ablauf des außerordentlichen Kongresses. Und ich sage

157 Transkript Walther, S. 2.

158 Ebd., S. 27.

159 Manfred Scharrer: Der Aufbau einer freien Gewerkschaft in der DDR 1989/90. ÖTV und FDGB-Gewerkschaften im deutschen Einigungsprozess, Berlin 2011, S. 84f.

160 Gemeint ist der außerordentliche FDGB-Kongress vom 31.1./1.2.1990.

mal, der Tenor dieses Artikel war letztendlich, also der Kongress ist alles andere als demokratisch abgelaufen, was ja zu großen Teilen auch stimmt, aber: »Und wir als IG Bergbau-Energie werden weiterhin in Distanz bleiben und in vornehmer Zurückhaltung«, sage ich jetzt mal mit meinen Worten, »die Entwicklung in der DDR weiter beobachten, weil bis jetzt sind noch viele Fragen offen.« Dieser Artikel führte dazu, dass ich zum ersten Mal, wie soll ich sagen (…), ja natürlich durch diesen Artikel mit der Nase darauf gestoßen wurde, dass es natürlich eine IG Bergbau-Energie in der tiefsten Bundesrepublik gab und gibt, nämlich in Nordrhein-Westfalen und dieser Artikel oder diese beiden Artikel, die haben mich so bewegt, dass ich mich hingesetzt habe und an den damaligen Vorsitzenden Heinz-Werner Meyer[161] einen Brief geschrieben habe, in dem ich gesagt habe: »Es kann doch wohl nicht wahr sein, dass ihr hier weiter in vornehmer Distanz euch zurückhalten wollt. Wir brauchen euch, wir brauchen die Zusammenarbeit. Unsere Generaldirektoren arbeiten schon mit den großen Energiekonzernen zusammen und wir als Arbeitnehmervertreter üben uns in Zurückhaltung und in gegenseitigem Beobachten.« Und im Nachhinein weiß ich, dass dieser Brief drüben im geschäftsführenden Vorstand doch eingeschlagen ist und der Hans Berger[162], der stellvertretende Vorsitzende und designierte neue Vorsitzende, denn Heinz-Werner Meyer ist ja da dann schon den Weg in Richtung DGB-Vorstand gegangen, hat sofort das Zepter in die Hand genommen. Es gab da in dem geschäftsführenden Vorstand, wie mir dann im Nachhinein berichtet wurde, schon einige Szenen, die dann darauf hinausliefen, dass gesagt wurde: »Jetzt ist Schluss, jetzt muss sofort dort der Kontakt aufgenommen werden und den Witte laden wir ein!« Wenige Tage nach diesem Brief bekam ich also hier ein Telex: »Es liegt ein Ticket in Tegel und wir erwarten dich dann und dann, da und da und wollen mit dir das Gespräch aufnehmen.« Also bin ich dann nach Nordrhein-Westfalen zur IG BE und habe dort mir jedem Mitglied des geschäftsführenden Vorstandes, sie haben mich da von einem Zimmer zum anderen gereicht, überall ein halb- und ganzstündiges Gespräch gehabt und mit Hans Berger zum Schluss dann, am Abend zusammengesessen, den ganzen Abend. Er hat mich ausgefragt von der Anzahl meiner Kinder und meinen familiären Verhältnissen, so ähnlich, wie wir es heute jetzt hier auch machen, bis hin zu meinen gewerkschaftlichen Ideen und Gedanken, und am Ende sagte er dann auch so ähnlich, wie es der Willi Raupach mir in Halle auch offeriert hatte: »So Peter, wir gehen davon aus, dass du auf dem bevorstehenden Kongress der IG BE zum Vorsitzenden kandidierst. Und das war das zweite Mal, dass ich damit konfrontiert wurde. Und ich war … Ich hatte das die Wochen nach dem Gespräch in Halle total ausgeblendet. Ich sage: »Das könnt ihr nicht von mir verlangen!«, und habe da auch meine ganzen Einwände rauf und runter dekliniert, aber er blieb dabei und sagte: »Also wir gehen davon aus, du kandidierst und wir gehen davon aus, du wirst gewählt.

161 Heinz-Werner Meyer (1932–1994), 1985 bis 1990 Vorsitzender der IG Bergbau und Energie, 1990 bis 1994 Vorsitzender des DGB.

162 Hans Berger (1938), 1990 bis 1998 Vorsitzender der IG Bergbau und Energie.

Und wir haben dich jetzt kennengelernt und ich kann dir nur sagen«, so Hans Berger, »wir sind natürlich mittlerweile mit etlichen Beratern ... wir haben ja etliche, wie man in der IG Bergbau sagt, Altvordere wieder aus dem Ruhestand geholt. Die sind als Berater in Rostock und in Kali und in der Braunkohle, und überall kommen die Signale, dass die Leute da sagen: ‚In Berlin ist das so ein kleiner Schwarzer, das ist der, der hier am meisten Wirbel in unserer Gewerkschaft gemacht hat, also wenn überhaupt, dann sollte der Vorsitzender werden!'«, das war natürlich eine neue, für mich neue Botschaft. Dazu muss ich jetzt nochmal einen kleinen Schnitt, Einschnitt, dahingehend machen, dass ich natürlich in der Zeit Dezember, Januar, Februar, also Dezember '89, Januar, Februar '90 in Berlin – IG Bergbau gab es nicht – Kontakt mit den Kollegen und der Gewerkschaft in der BEWAG hatte, und das war die ÖTV. Und für mich war damals am Anfang völlig klar, West-BEWAG, Ost-BEWAG dann Energiekombinat, das wird auf jeden Fall ganz schnell wieder zusammengehen. Das ist der wesentlich größere Teil, wir sind die kleineren, also wird das mit Sicherheit alles ein ÖTV-Bereich werden. Und es gab damals auch ein Gespräch mit dem damaligen Bezirksleiter der ÖTV, wenn ich mich recht erinnere, hieß er Werner Ruhnke, kann das sein, ja, der mich da in sein Büro bat und mit großem Bohei empfangen hat: »Oh, der Kollege Witte kommt zu mir, was können wir denn hier nur als Gastgeschenke für ihn aussuchen?« Also irgendwie fühlte ich mich da so ein bisschen verscheißert, schon das erste Mal bei der ÖTV. Und ich hatte zufälligerweise den Mitstreiter aus meiner Arbeitsgruppe Gewerkschaft mit dabei, der, wie ich vorhin schon mal sagte, für Arbeitsschutz und Arbeitssicherheit mit zuständig war, und der Werner Ruhnke der sagte: »Guckt mal, was hier steht, auf meinem Schreibtisch. Hier stehen 8.000 Aufnahmeanträge. Wir haben in unserem geschäftsführenden Vorstand vor wenigen Tagen festgestellt, dass in unserer Satzung nicht West-Berlin steht, sondern Berlin steht. Das heißt, alle die in Berlin wohnen, können bei uns Mitglied werden, und damit kannst du bei dir sofort deine Mitglieder oder die Belegschaft aus eurem, immer noch, Energiekombinat ... könnten sofort alle Mitglied der ÖTV werden.« Und da ... Natürlich haben wir uns erst mal gefreut, toll, ja, naja, aber dann so im Laufe des Gespräches entwickelte sich immer mehr doch die Feststellung, dass das eigentlich gar nicht ging, denn noch war das die DDR, noch galten DDR-Gesetze. Mein Arbeitsschutzobmann der sagte sofort: »Du Peter, was ist denn, wenn hier irgendwo ein Arbeitsunfall passiert? Nach unseren gesetzlichen Regeln muss der zuständige Arbeitsschutzobmann des FDGB dort gegenzeichnen und bestätigen, dass es ein Arbeitsunfall ist, zum Beispiel. Und wenn der später erwerbsunfähig ist, dann wird sehr wohl geprüft werden, ob denn alles nach Recht und Gesetz abgelaufen ist, wenn dann eine Versicherung, weiß ich, eben ein Leben lang eine Rente zahlen muss. Also, geht nicht!« Und ich sagte dann auch relativ schnell: »Du, pass mal auf: Also Berlin hat schon immer eine Sonderrolle gespielt, in der DDR sowieso, als geistig-kulturelles Zentrum der damaligen DDR, und wenn wir als Berliner jetzt wieder eine Sonderrolle hier einnehmen, weil wir alle Mitglied der ÖTV werden, dann distanzieren wir uns ja auch von allen anderen Energiebereichen, Energiebetrieben. Also wir werden sicherlich weiterhin gut zusammenarbeiten, aber lass uns mal das Ganze noch ein Stück weiter entwickeln und wenn, dann aber mit allen und in großer Breite und nicht hier so eine separate Sonderrolle für Berlin praktizieren.« Und das waren so die Punkte oder einer der Punkte, der mich immer wieder nachdenklich machte, was so die Kontakte mit auch Vertretern der ÖTV anbetraf. Das zum Beispiel nie einer sagte: »Hallo Leute, wir sind als DGB-Gewerkschaft anders organisiert als ihr hier. Macht euch mal einen Kopf, wie das gehen soll! Also für die leitungsgebundene Elektroenergieversorgung in weitestem Sinne ist die ÖTV zuständig, aber für die großen Kraftwerke an den großen Bergbaubetrieben ist die IG Bergbau zuständig. Also irgendwie muss hier eine Lösung gefunden werden!« Nie ein Wort darüber gesprochen, immer alles darauf ausgerichtet: »Kommt mal möglichst schnell zu uns!« Das erste Mal, dass ich mit diesem Problem, was ja zum Teil heute noch ein Problem ist, was die Frage der Zuständigkeit anbetrifft, konfrontiert wurde, das war in Bochum, wo mir alle sofort sagten: »Du, wie ist denn dein Verhältnis zur ÖTV?« Ich sagte: »Ich habe eine gute Zusammenarbeit mit dem Vorsitzenden aus der BEWAG und ich habe auch mit dem Bezirksleiter gesprochen. Ich hab sogar mal eine Schulung in der ÖTV-Bezirksschule am Wannsee durchgeführt, weil die dort alle wissen wollten und ihre ganzen Funktionäre geschult haben, in einer größeren Runde, wissen wollten, wie es denn in der DDR alles aufgebaut war, aber so richtig wohl gefühlt habe ich mich eigentlich nie, so dort.« Und genau völlig anders war mein Kontakt in Bochum, vom ersten Tage an, von der ersten Stunde an, vom Kennenlernen dessen, der mich am Flughafen abgeholt hat, mit dem ich natürlich auf der Fahrt von Düsseldorf nach Bochum schon sehr viel sprechen konnte. Ich hatte sofort das Gefühl: »Hier sind Kumpel, hier sind Kollegen, hier ist ein offenes Wort angesagt, hier wird mir ohne irgendwelche Vorbehalte erklärt, wie eben der gewerkschaftliche Aufbau ist.« Und da habe ich zum ersten Mal eben auch festgestellt, dass das, was wir eigentlich in den neuen Bundesländern und natürlich wir in Berlin genauso immer dachten, dass also der DGB und seine Einzelgewerkschaften, dass das alles eine große Familie ist, wo sich alle gut verstehen, wo es keine, wie soll ich sagen, keine Auseinandersetzungen gibt, keine Ansprüche auf bestimmte Vertretungsbereiche oder Bereiche, die man vertreten wollte, und wo ich dann feststellen musste, so ganz so friedlich und Friede, Freude, Eierkuchen ist das ja dann doch nicht und auch feststellte im Nachhinein, dass eben gerade die ÖTV aufgrund ihres, ich sage mal, Gemischtwarenladens offensichtlich doch nicht unbeträchtliche Probleme hatte, bei den Gewerkschaften in den dann neuen Bundesländern so ihre Partnerschaften herauszuarbeiten und auch richtig zu finden.[163]

163 Transkript Witte, S. 12–15.

Jutta Schmidt

Schmidt geht auf das manchmal abgehobene Verhalten westdeutscher Gewerkschafterinnen und Gewerkschafter ein, das nicht immer mit tatsächlicher Sachkenntnis einherging, aber auch auf das geringe Vertrauen in die Fähigkeiten der ostdeutschen Kolleginnen und Kollegen.

Und ich habe bei der ÖTV, wie überall glaube ich, auch sehr, sehr unterschiedliche Mitarbeiter kennengelernt: Mitarbeiter, die sehr, sehr offen auf die Kollegen aus dem Osten zugegangen sind, die ihre Zwänge gesehen haben und aber auch nicht diesen, ich nehme jetzt mal dieses blöde Wort, diesen »Besserwessi« da rausgekehrt haben. Aber ich habe eben auch den »Besserwessi« erlebt, das ist vollkommen normal, dass man den erlebt, und ich habe an vielen Stellen auch sehr viel guten Willen gepaart mit Unkenntnis erlebt, ja. Also wenn ich gerade jetzt zum Beispiel bei uns von der Akademie, wir haben ja auch Betriebs- und Personalräte denn mal so 14 Tage in die Ostbüros geschickt, um die Leute zu beraten. Und da geht ein Kollege von mir aus dem Institut dahin, lässt sich beraten wegen einer Kündigungsschutzklage, kommt zurück und sagt zu mir: »Jutta, du hast mir alles Quatsch erzählt! Ich war gestern dort in der Beratung. Na, selbstverständlich kann ich eine Kündigungsschutzklage und so weiter machen!« Und da sage ich dann zu dem: »Was hast du denn gefragt?« – »Naja, ich habe gefragt, wie ich mich verhalten muss, wenn ich gekündigt werde.« – »Ja«, sage ich, »da hat er dir auch die richtige Antwort gegeben. Bloß, du wirst nicht gekündigt. Du hast einen befristeten Arbeitsvertrag.« Das konnte der Berater aber da überhaupt nicht wissen, dass er vor sich einen hat, für den Artikel 38 des Einigungsvertrages gilt. Ich sage: »Du hast die Frage nicht korrekt gestellt und damit konnte der dir ja auch nicht korrekt Auskunft geben, ja.« Also diese speziellen Sachen. Und an einigen Stellen dann aber eben aber auch so auch die andere Geschichte und die war an einigen Stellen viel unangenehmer. Wenn wir dann eine Riesenschlange im Gewerkschaftshaus hatten und alle wollten dann zu den drei westlichen Juristen, ja unbedingt ja, und wenn wir dann gesagt haben: »Sie können auch zu mir kommen.« – »Kommen Sie aus dem Osten? Na, denn wissen Sie sowieso nicht Bescheid!« Ja, also diese Ablehnung der eignen Leute, ja. Ich habe mal eine Veranstaltung gehabt in dieser Gruppe hier, 18, die Sprecher von der Gewerkschaft Wissenschaft, und da hatten wir einen ÖTV-Sekretär dazu. Und ich führe da ein und nach einer Viertelstunde sagt einer von denen, wirklich alten, so ein alter BGLer aus Potsdam zu dem von der ÖTV: »Sag mal, war das alles richtig, was die da grad erzählt hat?« Ja, also immer noch nach dem Motto: »Das kann die ja noch gar nicht wissen! Die hat ja genauso 40 Jahre wie wir auf den Bäumen gesessen.« Also auch diese eigene … dieses wenige Zutrauen zu den eigenen Leuten, ja also, das hat sich an vielen Stellen die Waage gehalten. Also ich habe die meisten ÖTVler hier im Osten, die beraten haben, mit sehr viel gutem Willen und sehr viel Engagement erlebt.[164]

164 Transkript Schmidt, S. 21 f.

Gewerkschaften und Bürgerbewegung

Anders als in Polen entwickelten die vornehmlich von Akademikern und Künstlern getragenen Oppositionsgruppen in der DDR keine Konzepte für einen gewerkschaftlichen Neuaufbau. Dennoch gab es Bezugspunkte zwischen Bürgerbewegungen und betrieblichem und gewerkschaftlichem Aufbruch.

Peter Witte

Als Redner auf der Demonstration am 5. Dezember 1989 vor dem FDGB-Haus am Märkischen Ufer in Berlin forderte Peter Witte auch die Zurverfügungstellung von Gewerkschaftsräumen für die Gruppen der Bürgerbewegung.

Also ich wirkte ja damals schon beginnend in dieser Arbeitsgruppe Gewerkschaft. Ich hatte einen Termin in der Wallstraße. Es ging darum, dass ich für einen beabsichtigten Wohnungstausch eine Unterschrift brauchte, lief da an dem Gewerkschaftshaus vorbei und sah, dass dort eine Demo im Gange war. Einer der Organisatoren, das war ein Student an der Gewerkschaftshochschule Bernau aus unserem Kombinat, den sprach ich an: »Was habt ihr denn hier so … was fordert ihr denn?« – »Ja, wir wollen also, dass die Gewerkschaftsschule auf jeden Fall erhalten bleibt und wir unser Studium vollenden können«, und, und, und. Und ich stellte ihm so ein paar Fragen: »Mensch, ihr müsst doch aber auch mal ein paar andere Forderungen stellen. Ihr müsst doch zum Beispiel …, es kann doch nicht sein, dass die ganzen FDGB-Funktionäre, die in hohen Ämtern und Würden sind hier, sich selbst dicke Renten zubilligen!« – »Was?!« – »Ja«, ich sage, »so was oder das hier die neuen Organisationen, wie Bündnis '90, Bärbel Bohley[165], dass die alle auf der Straße sitzen, nirgendswo unterkommen, die könnte man doch in den Riesenbüros der Bezirks- und Kreisvorstände unseres FDGB hier unterbringen.« – »Mann, Peter, du musst hier reden!« Ich sage: »Ich muss nicht reden, ich muss jetzt meine Unterschrift hier holen.« Bin dann da zu dieser Dienststelle gegangen, habe mir die Unterschrift geholt, kam zurück, war die Demo weiterhin im Gange und da stand die Annelies Kimmel mit oben und unten unter dem ganzen Publikum waren auch etliche Vertreter aus unserem Energiekombinat, was nicht weit davon seine Zentrale hatte. Und ja am Ende habe ich dann doch da oben gestanden, habe da meine Forderungen ins Mikrofon gebracht, habe etlichen Beifall eingeheimst dafür, insbesondere eben auch dafür, dass der FDGB doch den neuen Aufbruch-Organisationen seine Räume zur Verfügung stellen sollte. Und ich habe dann noch zur Kenntnis genommen, dass Annelies Kimmel drei, vier Redner nach

165 Bärbel Bohley (1945–2010), Malerin, seit den frühen 1980er Jahren in der Opposition der DDR aktiv, Gründung der »Frauen für den Frieden« (1982), Mitgründerin der Initiative für Frieden und Menschenrechte (1986), 1989 Mitgründerin des Neuen Forums.

mir ans Mikro ging und nur sagte, sie erklärt jetzt hiermit ihren Rücktritt. Mit viel Beifall, wurde der dann auch angenommen und ich bin dann weiter nach Hause gegangen, habe meiner Frau erzählt, die mich fragte, warum ich so lange weg war, ja, das ich mal eben gerade auf einer Gewerkschaftsdemo gesprochen hätte. So turbulent war die Zeit und so konnte einem das damals gehen.[166]

Thomas Arnold

Die Anliegen der Bürgerbewegung wurden auch in die Betriebe transportiert (Handzettel), allerdings gab es unterschiedliche Zukunftsvorstellungen und Zielsetzungen der Demonstranten, die jedoch durch ein gemeinsames Handeln getragen wurden.

Das war also so ein Mix, man kann also nicht sagen, dass die alle zusammen dasselbe Ziel hatten, also da hatte jeder schon so seine eigene Vorstellung. Aber man war sich einig, dass man das gemeinsam tut, ja. Ja, und dann konnte man sich natürlich diese Kraftdemonstrationen von Polizei und Stasi dann immer angucken, ja. Da wurde im Betrieb, wurde dann montags früh dann belehrt, dass man da nicht hinzugehen habe und dass es gefährlich sei, und wer erwischt werde, der habe mit Sanktionen zu rechnen und so was. Naja, ich sage mal so, das ist eine doppelte Geschichte: Der eine hat da vielleicht dadurch mehr Angst, aber der andere hat gesagt: »Na, dann ist es erst recht interessant.« Das war also so ein Mix, der da entstand, und wenn man natürlich mit seinen Kollegen eine Diskussion geführt hat, wie es denn in dem Land weitergehen soll, dann hat man sich da auch gegenseitig Mut gemacht. Ja, man hat sich also irgendwo verabredet, weit weg vom Augustusplatz, um dann schlagartig um sechs auf dem Augustusplatz zu stehen oder vor der Nikolaikirche, je nachdem, wo man da starten wollte. Ja, und so hat sich das dann weiter entwickelt. Dann gab es ja schon so das Neue Forum, die SDP hatte sich schon, ich sage mal, noch im Untergrund, aber schon gebildet, also dieser SPD-Vorläufer. Und naja, und die haben dann natürlich schon angefangen, mit Flugblättern zu verteilen, die dann wirklich von Hand zu Hand gingen, weil mit Vervielfältigungen war ja nicht allzu viel. Und die hatten natürlich schon sehr konkrete Forderungen, die dann auch von den Leuten diskutiert wurden und dann eben mitgetragen wurden oder auch nicht, das war ganz unterschiedlich. Und solche Sachen, also die wurden dann immer mit in die Firma gebracht, am Dienstag, wer was ergattert hatte, und da wurde das durchgelesen und in der Frühstückspause diskutiert und naja, dann gab es natürlich, was weiß ich, dann im Fernsehen immer irgendwelche Dementis. Das Westfernsehen erfuhr es natürlich auch, das waren dann so die Zeiten, wo dann langsam Fernsehen gucken von halb acht bis viertel

166 Transkript Witte, S. 32.

neun interessant wurde, erst Aktuelle Kamera gucken und dann Tagesschau. Das ist … das war eine ganz interessante Zeit, gerade so Oktober, November.[167]

Jutta Schmidt

Jutta Schmidt übernahm die Betreuung gewerkschaftlicher Themen beim Neuen Forum auch in Verbindung mit ihrer Tätigkeit als BGL-Vorsitzende im Institut für Halbleiterphysik. Die Bürgerbewegungen, so ihre Einschätzung, hätten die Rolle der Gewerkschaften im Demokratisierungsprozess unterschätzt.

Und so richtig zur Gewerkschaft muss ich sagen, bin ich in dem Sinne eigentlich gekommen, als … in dem Neuen Forum waren ja nun Ärzte, Pfarrer und so weiter und so fort, aber niemand, der von Gewerkschaft mehr wusste, als wie man Gewerkschaft schreibt. Tja, so, und als am Runden Tisch dann ja auch der FDGB saß, und der FDGB sich mit dem Neuen Forum mehr oder minder auseinandersetzen wollte, hieß es: »Wer weiß denn bei uns was von Gewerkschaften? Ach Jutta, da kannst Du mal hingehen, ja weil einen Pfarrer kann ich da nicht schicken, und einen Arzt kann ich da auch nicht schicken!« Also so, und plötzlich war ich da im Neuen Forum auch in dieser Gewerkschaftsschiene, wo ich eigentlich ursprünglich gar nicht hin wollte. So, und eine Woche später wurde ich dann amtierende BGL-Vorsitzende. Ja, und dann habe ich gedacht: »Jetzt kannst du das ja vielleicht irgendwie auch alles gut unter einen Hut bringen, noch dazu wenn Gewerkschaftsarbeit im alten DDR-Sinne ja Arbeitszeit ist. Die merken ja gar nicht, ob du für das Neue Forum oder für den FDGB unterwegs bist.« Das hatte ich noch so im Hinterkopf. So ist das eigentlich entstanden und auch dass jemand an den Tisch des Direktors musste. Und Sie wissen ja, wie das manchmal so ist: Die Mutter blickte stumm und plötzlich hängen alle Leute, alle Augen an einem und ich hatte auch keine Argumente, mich dann mehr zurückzuziehen. Und da wird man dann so ins Wasser geschmissen, obwohl man das eigentlich gar nicht so wollte, ja. Also, ich hatte nicht die Absicht, hauptamtlich Gewerkschaftsfunktionärin zu werden, 1989/90 noch nicht.

Hall: Welche Positionen vertrat dann Ihrer Erfahrung nach das Neue Forum hinsichtlich des gewerkschaftlichen Neuaufbaus?

Schmidt: Gar keine, gar keine, gar keine! Das Neue Forum hatte überhaupt an vielen Stellen … Das Neue Forum kann man sowieso schon nicht sagen. Man muss immer sagen: die Personen aus dem Neuen Forum, weil ich habe im Neuen Forum zum Beispiel viele, viele Personen kennengelernt, die gar nicht, die Politik und die Ziele (…) der DDR so infrage stellten, sondern eigentlich immer der Meinung waren, das sind nur die falschen Personen, ja. Also zum Teil Meinungsfreiheit, Meinungsvielfalt aber in Richtung, ich sage mal, Wirtschaftspolitik oder so, da hatte das Neue Forum so gut wie keine Agonisten in

167 Transkript Arnold, S. 7 f.

ihrer (…) auch in ihrer Führung. Ja, also gucken wir uns doch mal an hier: Malerin Bärbel Bohley, Rechtsanwälte, Pfarrer, Ärzte. Das waren ganz wenige Leute aus der (…) aus diesen Werktätigen, aus diesen Industrieberufen. Und die Wenigen, jetzt zum Beispiel aus dem Halbleiterwerk in Frankfurt/Oder, also die wenigen Ingenieure und so weiter, die sich da engagiert haben, die sind dann sofort zur SPD gegangen, als die SPD in Frankfurt/Oder aktiv wurde. Die sind da relativ schnell beim Neuen Forum wieder raus. Und dann hatten wir natürlich viele in dem Neuen Forum aus diesen Sozialberufen und auch … Ich habe das dann auch in den ersten Regierungen nach der Wendezeit festgestellt. Also Leute wie Regine Hildebrandt[168] und auch Michael Platzeck[169], die konnten ganz, ganz wenig mit Gewerkschaften als solches anfangen. Auch diese Rolle, die die Gewerkschaften in der Demokratie spielen, die war ihnen überhaupt nicht irgendwo präsent.[170]

Sieglinde Merbitz

Leipzig nahm im Verhältnis der Bürgerbewegung zu gewerkschaftlichen und betrieblichen Fragen eine gewisse Sonderstellung ein. Das dortige Bürgerkomitee und die IG Metall arbeiteten beim gewerkschaftlichen Neuaufbau zusammen, wie Sieglinde Merbitz erzählt.

Hall: […] Aber zunächst möchte ich doch nochmal einen Schritt zurückgehen und zwar zum Runden Tisch und da würde mich interessieren: Welchen Einfluss hatte der auf den gewerkschaftlichen Neuaufbau? Gab es da überhaupt Gespräche, die sich auch darum bewegten?

Merbitz: Also auf jeden Fall der Bereich, der über dieses Bürgerkomitee gelaufen ist. Das war ja, sagen wir mal, eine Organisation, und die waren, in den Bürgerkomitees waren wir auch mit hervorragenden Fachleuten besetzt. Da waren Juristen drin, die mit Aufklärungsarbeit gemacht haben, zu Betriebsratswahlen, die Schulungen durchgeführt haben und ganz einfach solche gestandenen Leute, wie der Roland Mey, von dem ich schon sprach, die wirklich, sagen wir mal, die Beziehungen zu den Belegschaften aufbauen konnten, weil es ganz einfach offene, zugängliche Menschen waren, die da klar die Ziele benannt haben und auch, die angeprangert haben, wie es bisher gelaufen ist, also unter dem Motto, was unter wahrer Mitbestimmung, unter Demokratie zu verstehen ist. Und da gab es eine Menge an Berührungspunkten, auch zu diesem Neuaufbau der

168 Regine Hildebrandt (1941–2001), 1989 zunächst Demokratie Jetzt, ab Oktober 1989 SDP/SPD, April bis August 1990 Ministerin für Arbeit und Soziales der DDR; November 1990 bis Oktober 1999 brandenburgische Ministerin für Arbeit, Soziales, Gesundheit und Frauen.

169 Gemeint ist Matthias Platzeck (1953), 1989 Grüne Liga, dann Grüne Partei in der DDR, BürgerBündnis, seit 1995 SPD, 2002 bis 2013 Ministerpräsident des Landes Brandenburg, November 2005 bis April 2006 Vorsitzender der SPD.

170 Transkript Schmidt, S. 10–13.

Gewerkschaften und das hat auch ganz einfach damit zu tun, dass Berthold Huber[171] diese Kontakte da ganz eng gepflegt hat, zum Bürgerkomitee, da haben auch Meinungsaustausche stattgefunden und sozusagen, heute würde man sagen, Workshops. Auf diese Art und Weise wurden da ganz einfach auch Ideen gefunden, wie man da miteinander auch sich gegenseitig unterstützen konnte. Das war aber eine Besonderheit, denke ich, die in Leipzig so gelaufen ist, über dieses Bürgerkomitee.[172]

Renate Hürtgen

Hürtgen bemängelt, dass es selbst innerhalb der Bürgerbewegung, zu der sie sich ja zählte, keine Lobby für die IUG gab.

Dann natürlich hatten wir hier im Osten, also auf der DDR-Seite …, die Bürgerbewegung war mit anderen Themen beschäftigt. Die SPD stand natürlich, also auch die neu gegründete SDP stand natürlich zusammen mit den Westgewerkschaften auf dieser Seite. Die alte, hier die … wie hieß sie denn damals? Wie hieß die Linke früher? PDS, die PDS hatte auch nichts, also da hatten wir auch keine Unterstützer. Wir hatten einfach keine Lobby, also diese Bewegung, also diese gewerkschaftliche Basisbewegung, die sich da formierte, die hatte nicht in Ost und nicht in West wirkliche Unterstützung. Das ist wirklich … Ich habe auch mal ein bisschen was dazu geschrieben, natürlich inzwischen schon ein bisschen aufgearbeitet. Das ist ein interessantes Phänomen und das ist mit auch ein Grund natürlich, warum die Sache relativ rasch wieder untergehen musste. Es gab keine Lobby für diese Bewegung.[173]

Die Gründung de IUG ist auch darauf zurückzuführen, dass für die betriebliche/gewerkschaftliche Ebene innerhalb der Bürgerbewegung kaum Interessenvertretungsgruppen vorhanden waren.

In diesem halböffentlichen Raum der Kirche da, Friedrichsfelder Friedenskreis, so hieß er, hatten sich da auch so kleine Interessentengruppen auch schon so gefunden, die so bestimmte Themen so bearbeiteten oder diskutierten. Und seit Anfang ’89 saßen wir, weiß ich nicht mehr, ob ich das angeregt hatte oder …, es ist auch nicht wichtig, saßen wir in der Wohnung von einem, jemanden, in der Sredzkistraße zusammen und diskutierten so die Frage: »Interessenvertretung und wie müsste die eigentlich wirklich aussehen?« Und: »Solidarność, ist es das Richtige gewesen oder müssen …?« Haben auch nochmal Lenin zur Gewerkschaftsfrage, so nicht und so … also haben so unseren Selbstverständigungsprozess so veranstaltet. Dann kam der Sommer und dann überschlug sich alles, man hatte gar keine Zeit mehr, in Ruhe nachzudenken: »Was macht man? Was

171 Berthold Huber (1950), 2007 bis 2013 Vorsitzender der IG Metall, 1990 beim Aufbau der IG Metall in Ostdeutschland aktiv.

172 Transkript Merbitz, S. 17 f.

173 Transkript Hürtgen, S. 28.

will man?« Das Neue Forum gründete sich, die anderen Parteien und alles gründete sich und ich wusste zum Teil ja auch davon. Naja, zum Teil waren auch aus diesem Kreis heraus Personen da beteiligt, Reinhard Schult[174] und andere. Ja, und dann saßen wir wieder an so einem Verständigungstag, das war dann schon im September, richtig, das war im September, Anfang Oktober, und dann haben wir – und ich weiß es jetzt auch nicht mehr, wer das Stichwort gesagt hat, wer es dann formulierte: »Alle gründen was, aber es ist ja gar nichts für die Betriebe da. Es muss ja, wenn jetzt hier was losgeht, es muss ja irgendwas in den Betrieben passieren, die werden, weiß ich nicht was, die werden was machen. Die werden irgendwie streiken oder irgendwas wird ja passieren. Aber es gibt ja nur diesen FDGB, da ist ja überhaupt gar nichts, so da muss irgendwas anderes her.« Wir wussten eigentlich nicht genau was und haben dann eine Initiative, so haben wir es dann genannt, eine Initiative für unabhängige Gewerkschaften gegründet. Also das ist wichtig, eine Initiative, also wir sind nicht die unabhängigen Gewerkschaften gewesen. Wir, das muss ich vielleicht noch präzisieren, das waren zwölf Personen, aber das ist darum … es ist einerseits lächerlich und witzig, so wenig, andererseits ist es durchaus vergleichbar mit allen anderen Gruppen und Gruppierungen, die sich gegründet haben. Es waren überall nicht mehr, also das ist gar kein Qualitätsmakel gewesen. Also unabhängige Gewerkschaft: Wir wollten die Initiative, wollten anbieten und wollten einfach den Impuls geben: »Gründet unabhängig vom FDGB Gewerkschaften oder Interessenvertretungen!« So haben wir es dann auch genannt, weil uns unklar war, was das sein wird. Es war doch erst im Oktober, genau, es war im Oktober, nicht eher. […] Es war schon angekündigt die große Demonstration am 4. November auf dem Alexanderplatz. Und wir haben diese Gründung und ein Papier zur Gründung einer Initiative für unabhängige Gewerkschaften mit der schönen Überschrift: »Was hat der FDGB in 40 Jahren für uns getan? Nichts!«, und dann wird aufgezählt, was er alles nicht getan hat, und dann steht so als Letztes: »Darum müssen wir uns wehren, die Zeiten werden schwieriger werden, gründet Gewerkschaften oder gründet Interessenvertretungen, wehrt euch!« Wir haben diesen Text und diese Gründung im Hinblick auf den 4. November gemacht, weil wir nämlich dort auftreten wollten. Wir wollten dort einen … Ich wusste, wer diese Sache organisiert, das war vom Deutschen Theater, ich kannte auch jemanden, der da eine Verbindung hin hatte zu den Organisatoren. Genau, darum war das relativ spät, kurz vor dem 4., wenige Tage oder so vor dem 4. (Ende Oktober). So, und das gelang uns aber nicht, die wollten das nicht, die Veranstalter. Und da haben wir getrickst. Es begann ja jetzt schon die schöne Zeit der Anarchie. Es war jetzt alles möglich. Ab nun war alles möglich. Und was haben wir gemacht? Wir, heißt jetzt wieder in diesem Falle mein Mann, Joachim und ich, wir sind früh in die … zur Bühne gegangen. Hinter der Bühne, das wusste ich alles, hinter der Bühne war ein großes Café und in diesem großen Café

174 Reinhard Schult (1951), seit den späten 1970er-Jahren in Friedenskreisen und Oppositionsgruppen aktiv, 1989 Mitgründer des Neuen Forums.

sammelten sich die Redner. Und wir sind da früh hingegangen, mit als Erste, ich weiß nicht mehr, sagen wir mal um acht, haben geklopft. Der Pförtner, weil er schon da war, hat aufgemacht und dann haben wir gesagt: »Wir sind die Redner!«, und haben uns da reingesetzt. Und jetzt haben wir gewartet und gewartet und es füllte sich und füllte sich, alle kamen, manche kannten wir, manche nicht, die Künstler, wer dann eben geredet, gesprochen hatte. Und ich hatte diesen Text da in der Hand und dann sagte ich zu Achim oder wir haben gesagt: »Wen nehmen wir, wen bitten wir?« Wir wollten jemanden bitten, dass er das einfach – nicht alles vorliest – aber vielleicht sagt: »So etwas gibt es!« Nun haben wir überlegt, wer: Stefan Heym könnte es sein, weil ich konnte nicht irgendeinen der Treuen hier, konnte man nicht nehmen, die gab es ja noch. Es ist ja auch noch Markus Wolf aufgetreten und andere. Und von den Künstlern, wer hat sich schon für Arbeiter interessiert. Oder Volker Braun oder Heiner Müller. Stephan Heym kam Gott sei Dank später, der hätte es, glaube ich, auch nicht gemacht. Volker Braun war gar nicht angesagt, das wusste ich nicht, das habe ich jetzt erst später auch mal gelesen, warum nicht. Der hatte nämlich Schiss, wie er in seiner eigenen Biografie schreibt, war ihm irgendwie zu heikel. Und Heiner Müller der kam dann und dann habe ich … bin ich zu ihm hin und habe ihn gefragt, ob er das … habe ihm das Anliegen …, dass wir eben hier nicht was reden konnten/dürfen, und ob er denn eventuell das benennen könnte. Dann setzte er sich da rüber mit dem Text an einen Tisch, trank einen – was trank er denn immer: Wodka, weiß ich nicht, Cognac – nach dem anderen, redete mit dem SED-Bezirkssekretär, obersten Chef Schabowski, zeigte ihm das noch. »Nein«, habe ich gesagt, habe schon zu Achim gesagt: »Du, das wird nichts hier. Ich hab das Gefühl, dass …« Dann kam er rüber, so nach einer Stunde oder zwei, weil es dauerte sehr lange. Alle warteten ja, es begann ja auch erst um zehn. Dann hat er gesagt: »Ich mach das, ich les das vor, ich lass meins weg, den ›Fatzer‹. Es ist wichtig, es ist wichtig!« Ich habe dann gesagt: »Nee, das musst du jetzt …« – »Doch! Doch! Doch!«, so. Und hat er übrigens in seiner Biografie auch schön aufgeschrieben. Ja, da steht zwar was von jungen Leuten, so jung war ich nicht mehr, aber … Wir haben auch später zu ihm Kontakt gehabt. Ja, dann hat er das vorgelesen, tatsächlich, bis auf den allerletzten Schluss nur nicht, aber ansonsten, hat noch was dazu gesagt. Erntete Pfiffe, aber wie man sieht, ich habe es mir jetzt ein paar Mal angeguckt, das Video, die Pfiffe kamen … Es war so ungewöhnlich, wie das immer so ist, es war ja eine Million Leute da oder sollen da gewesen sein. Ehe da so Reaktionen …, die sind immer so versetzt. Ob da Beifall ist oder so, das ist alles ganz kompliziert. Und ganz vorne aber, da stand ein Block und ich würde mal sagen, es war der FDGB-Block. Wir haben das dann später auch mal so ein bisschen rausbekommen. Und da kamen Buhrufe, weil er … Was hat der FDGB … Also, er hat sich sozusagen distanziert, also diese Rede war ja eine Distanzierung von dem offiziellen FDGB und ein Aufruf zur Alternativgründung. Große Buh … Und sicherlich auch dieser ganze Ton, war auch natürlich ungewöhnlich auf dieser Demo, weil da ging es um andere Sachen. Und insofern kann es schon sein, dass die meisten Leute erst mal geguckt haben. Ja, trotzdem war es für uns der Auftakt, es war der Coup, den wir da gemacht haben, mit dieser Rede von

Müller, mit der Bitte an ihn. Dann waren wir bekannt und wir haben dann, damals ging das eben wie gesagt noch, einen Raum uns irgendwo ergattert. Das war verrückt, also das war wirklich so, man ging dann zum Bezirk und hat gesagt, man braucht einen Raum, man ist hier Opposition, man braucht … – »Ja, ja.« Also hatten wir einen Raum und machten ein Büro auf. Wenige Tage später war ja dann der Mauerfall, das war der Tag, an dem wir unsere erste, erst mal interne, Zusammenkunft hatten, genau, wir haben uns erst mal so getroffen. Ich habe den gar nicht mitbekommen, den Mauerfall, war so beschäftigt. Ja, und dann machten wir ein Büro auf und trafen uns zweimal wöchentlich, alles neben der Arbeit. Ich weiß gar nicht mehr, wie ich so was gemacht habe. Und wer kam zu uns? Es war voll, es war knackenvoll immer, für Berliner Verhältnisse. Was passierte da: Es kamen Leute, die also jetzt darüber diskutierten: »Was muss jetzt im Betrieb passieren?« Das war natürlich in erster Linie: »Wir müssen irgendwie Gruppen gründen! Wir müssen Forderungen stellen!«, ähnliche Forderungen wie auf der Straße. Es kamen also Leute, die in ihrem Betrieb die Forderung stellen wollten, Ablösung des Betriebsdirek… nein, halt, davor war noch Offenlegung, Offenlegung der ganzen Unterlagen, der Betriebssituation. Dasselbe, was in der gesamten DDR: »Die sollen endlich mal sagen, wie die wahre Situation ist!« Es war ja am Runden Tisch auch das Allererste, was passierte. Dasselbe passierte also auch im Betrieb. Raus natürlich mit Kampfgruppe und Partei, raus aus dem Betrieb. Das muss man ja auch in irgendeiner Weise dann organisiert machen. Also, man muss mindestens, man kann es auch als Einzelperson machen. Entweder muss man eine Belegschaftsversammlung einberufen, oder man muss was an die Wandzeitung pinnen. Also das sind lauter Vorgänge gewesen sozusagen so von oppositionellen, alternativen, emanzipativen Vorgängen im Betrieb und Leute, die so was vorhatten oder sich überlegt haben: »Wie kann ich das anstellen?«, die kamen zu uns und berieten sich. Also, es wurde heftig darüber diskutiert: »Wie ist die Situation im Betrieb, was ist los?« – »Wie kann man das machen?« – »Wie habt ihr das gemacht?« – »Was habt ihr gegründet?« […] Also wir waren mit unserem Anliegen so weit von so einem Bedürfnis gar nicht entfernt. Ich sage das darum, weil uns später, auch von offiziellen Gewerkschaftsseiten, immer so vorgeworfen wurde, wir hätten da so eine etwas ja utopistische Spinnerei vor Augen gehabt, also so. Das ist sicher sehr falsch und ganz falsch. Erstens lag es im Zeitgeist, solche Basisbewegungen waren ja … das war die einzige Form, so einen zentralistischen Apparat oder auch so einen zentralistischen FDGB-Apparat zu stürzen. Es brauchte eine Basisbewegung, die war nicht utopisch, die war geradezu notwendig. So, das ist so eine …, und die andere Sache ist, dass es eben wirklich bei den Leuten so als emanzipatives Bedürfnis da war. Sie wollten jetzt einfach selber etwas tun. Das was dann später kam, dass sie wieder alles an ihre Vertreter abgegeben haben, das ist zu einem etwas späteren Zeitpunkt passiert. Also es war nicht ein ideologisches Projekt, um es mal so rum auszudrücken, mit den so bekannten Vorwurfsworten immer: Was sich irgendwelche Leute, zumal noch, wie ich mich vorhin geoutet habe, jemand der auch aus einer marxistischen Tradition kommt, der sich jetzt hinsetzt und überlegt, so aus … gar nicht, sondern es war wirklich etwas, da haben wir wirklich so richtig den Zeitgeist getroffen, also nicht ein übergestülptes, entfremdetes Projekt oder den Leuten nicht nahestehendes Projekt, sondern das gehörte in diese Zeit ganz genau rein.[175]

Interessenvertretung

Der Aufbruch 1989/90 spiegelte sich auch in einem großen Engagement und einer Wissbegierde in der Betriebs- und Personalratsarbeit wider. Trotz komplizierter Ausgangssituationen wurden in zahlreichen Betrieben frühzeitig, noch ohne rechtliche Grundlagen, Strukturen zur Interessenvertretung geschaffen. Die vom FDGB enttäuschten oder passiven, aber durchaus gewerkschaftlich interessierten Kolleginnen und Kollegen sahen nun einen Gestaltungsraum und nutzten diesen. Dabei spielte auch das Bewusstsein eine Rolle, durch Massenbewegungen erfolgreich Reformen durchsetzen zu können. Sowohl die neu gegründeten oder reformierten Einzelgewerkschaften der DDR als auch die Arbeitnehmervertretungen in den Betrieben konnten bis zur Wiedervereinigung umfangreiche Forderungen realisieren und gute Tarifabschlüsse erzielen. Dies änderte sich jedoch mit der Einführung der Marktwirtschaft und steigendenden Arbeitslosenzahlen zusehends.

Peter Schulze

Schulze zeichnet nach, wie sich die damaligen, zunächst noch sozial eingestellten Betriebsleiter plötzlich zu marktwirtschaftlich orientierten Arbeitgebern entwickelten.

Ich bin Betriebsratsvorsitzender geworden. Mit meinem damaligen Direktor war ich »per Du«. Wir waren 23 Jahre zusammen in einem Betrieb und waren in etwa in dem gleichen Alter und wir waren »per Du«. Und der kam auch dann ein, zwei mal die Woche, hat gefragt: »Gibt's irgendwelche Probleme? Gibt's irgendwas Neues?« Ja gut, dann haben wir auch mal eine Tasse Kaffee zusammen getrunken. Und dann haben wir das erste Mal die Situation gehabt, die Geschäftsleitung wollte jemanden einstellen, kurz vorher haben sie uns aber zwei Anhörungen von zwei Entlassungen gegeben. Nun muss man … Der Betrieb hatte Niederlassungen in Wernigerode, Ilsenburg, Halberstadt, Magdeburg und Schönebeck. Und dann wollten die in Ilsenburg zwei Leuten die Kündigung geben und in Halberstadt wollten sie zwei Leute einstellen. Und dann haben wir das gekriegt und dann habe ich dem Betriebsdirektor gesagt: »Christian, du so geht das nicht! Ihr könnt hier nicht einfach zwei Leute entlassen und gleichzeitig wollt ihr zwei Leute einstellen. Warum schickt ihr die dann nicht nach Halberstadt?« Und da grinste der mich dann an und sagte: »Weißt du, die Zeiten, wo ihr entscheidet, wer hier eingestellt und entlassen … die sind

175 Transkript Hürtgen, S. 20–24.

vorbei. Jetzt haben wir Marktwirtschaft, jetzt bin ich der Chef und dann entscheide ich das!« Da habe ich ihm gesagt: »Christian, ich will das nicht, aber du zwingst uns dazu, wenn wir … dann müssen wir dagegen vorgehen. Das können wir nicht machen.« Da hat er nur gelacht und hat gesagt: »Also, pass auf, wie gesagt, die Zeiten sind vorbei!« Dann haben die die offizielle Anhörung gemacht, dann haben wir dem widersprochen. Die haben trotzdem eingestellt und dann haben wir beim Gericht eine einstweilige Verfügung beantragt, war eine spannende Geschichte. Ich bin zum Gericht, der Arbeitsrichter aus DDR-Zeiten ja, ich aus DDR-Zeiten und komme dann dahin und sage dem Richter: »Ich möchte gerne eine einstweilige Verfügung haben, um meinem Arbeitgeber zu verbieten, dass er die Leute, die er eingestellt hat, beschäftigen darf.« Da sagt der zu mir: »Geht das?«, der Richter, ja. Wir kannten uns, ich war ehrenamtlicher Richter, wir kannten uns, und darum habe ich ihm gesagt: »Ich brauche da eine einstweilige Verfügung.« Dann hat der erst mal viel telefoniert mit seinen Kollegen im Westen und hat gesagt: »Das geht!« Dann hat das Gericht eine einstweilige Verfügung erlassen und dann bin ich damit in den Betrieb und habe gesagt: »Also, du kannst die einstellen, du musst die auch bezahlen, wenn du die eingestellt hast, aber du darfst sie nicht beschäftigen.« Und dann ab diesem Moment waren wir »per Sie«. Der ist auch nie wieder freiwillig in unser Büro gekommen. Und dann ist der in dem Betrieb rumgelaufen und hat gesagt: »Ihr habt einen Betriebsrat, das ist eine Schweinebande, die verklagen die eigene Firma, die eigene Firma zerren sie vors Gericht, stellt euch das mal vor!«, um denen so zu erklären, was das für Schweinehunde sind. Und es hat genau den gegenteiligen Effekt gehabt, dass die Leute gesagt haben: »Also das ist doch nicht nur Friede, Freude, Eierkuchen, sondern die streiten sich auch mal und die setzen sich ein für uns.« Dann war eine Phase, dass wir … also das, was im Gesetz stand, das musste ich ihm dann immer begründen, wo das steht und die Paragrafen dazu nennen. Das haben wir dann auch gekriegt, aber auch nicht das schwarze unterm Fingernagel mehr. Dann war also der Konsens, den wir ansonsten … wir haben vorher viele Deals gemacht, dass wir beispielsweise, unsere Abfindung beim dem Sozialplan haben wir verdoppelt, indem wir dann eben … die Treuhand hat gesagt: »Wenn ihr Grundstücke verkauft, dann ist das eben so, das geht ins Treuhandvermögen rein. Wenn ihr aber nur Einzelteile verkauft, dann sind das Geschäftskosten.« Dann wurde beispielsweise unsere Mischanlage verkauft, aber nicht die Mischanlage wurde verkauft, sondern die erste Box, die zweite Box, die dritte Box und damit konnten die Abfindungen, die gezahlt wurden, verdoppelt werden. Da hat der auch mitgemacht, ja, so um im Prinzip das soziale Gefüge etwas zu verbessern. Aber danach, wie gesagt, gab es ein sehr reserviertes Verhältnis, ja das war halt so.[176]

Durch umfangreiche Investitionen und staatliche Förderprogramme (Infrastrukturmaßnahmen, Investitionszuschuss Ost) boomte die Baubranche in Ostdeutschland etwa bis 1995. Im Unter-

176 Transkript Schulze, S. 35 f.

schied zu anderen Bereichen (IG Metall, IG Chemie, IG BE) gab es kaum Entlassungen, mit Ausnahme von Frauen wegen nun geltender bundesrepublikanischer Arbeitsschutzregelungen, eine starke Arbeitnehmerschaft (Fachkräfte wurden benötigt, Umschulungen aus der Industrie fanden statt) und sehr gute Tarifabschlüsse:

Ja, dann ging das auch langsam an, hier Strukturen aufzubauen, wie das dann so bei Gewerkschaften üblich ist, auch Gewerkschaftsbürokratie aufzubauen, Vorstände und Kreisverbände und so. Das war alles noch auch eine sehr, sehr mobile Zeit, wo viele, viele Kollegen auch sich mit eingebracht haben. Das war im Prinzip für uns so eine richtig rosige Zeit. Wir haben tolle Tarifabschlüsse gemacht. Wir haben die höchsten Durchschnittslöhne ausgehandelt, weil viel wurde gebaut, Vieles musste nachgeholt werden. Es gab damals einen Investitionszuschuss Ost. Jeder, der ein bisschen Geld ..., konnte das investieren im Osten und konnte sofort 50 Prozent davon abschreiben, gegen seine Steuern. Das war natürlich eine Goldgräberstimmung, und da ist Geld geflossen, da wurde gebaut auf der grünen Wiese, das war einfach klasse. Dann hat sich eine Kapazität aufgebaut im Baugewerbe, die absolut überdimensioniert ist. Wir hatten mal 146.000 Beschäftigte hier im Land Sachsen-Anhalt, heute haben wir so gute 30.000. Das ist also schon ... Es gab ja überall, ... ist die Wirtschaft so nach der Wende ..., sind viele, viele Arbeitsplätze verloren gegangen, durch diese ganze Privatisierung. Das war im Baugewerbe nicht so, im Baugewerbe hat sich die Kapazität aufgebaut, weil Geld da war, es wurden Investitionen gemacht. Es war keine Baukapazität da. Da wurden Umschulungen gemacht von Kollegen. Wir haben ein Bildungswerk gegründet hier, gewerkschaftliches Bildungswerk, da gab es 20 Millionen, die wir hier verwaltet haben in diesem Bildungswerk, die Europa zur Verfügung gestellt hat, um Qualifizierungsmaßnahmen zu machen. Viele Metallarbeitnehmer, die entlassen wurden, haben die Chance gekriegt umzuschulen zum Bauarbeiter, haben das auch genutzt und über 2.000 hier alleine in der Magdeburger Region wurden umgeschult zu Bauarbeitern. Und dann kam der 31.12.95, diese Investitionszulage wurde gekappt. Die gab es dann nicht mehr, und dann ist das Ganze wie ein Kartenhaus zusammengebrochen. Dann ist eine riesen Kapazität da gewesen, aber die Aufträge sind dramatisch zurückgegangen. Und dann ist etwas passiert, was uns mächtig zurückgeschlagen hat als Gewerkschaften: Die Unternehmen haben dann versucht, die da waren, sich um den viel kleiner gewordenen Kuchen zu streiten. Da wurden Angebote gemacht, zu absolut nicht auskömmlichen Preisen. Da kann man ein bisschen was drücken, indem man Material ein bisschen günstiger einkauft, da kann man ein bisschen was drücken, indem man schneller ist, wie die anderen, aber das ist alles begrenzt. Dann wurde sehr oft dazu, ist man sehr oft dazu übergegangen, die Leute einfach zu erpressen und zu sagen: »Also mit den Löhnen können wir nicht mehr am Markt konkurrieren. Wenn ihr nicht bereit seid, mit euren Löhnen runterzugehen, dann mache ich zu die Bude!« Ja, dann haben wir eine ... Und der, der nicht mitgemacht hat, diesen Strudel, der ist pleitegegangen, der hat keine Aufträge mehr gekriegt. Wir haben also dann eine sehr, sehr hohe Arbeitslosigkeit gehabt. Die Kapazität wurde dramatisch abgebaut. Und dann war der Mut mit einmal weg. Also Leute, die '89 auf die Straße gegangen sind und Angst haben mussten um Leib und Leben, weil dass es so toll gelaufen ist in unserem Land, dass niemand in dieser Revolution erschossen wurde, das ist doch ein Glücksfall in der Geschichte der Menschheit, was hier passiert ist. Und da sind Leute aber, die trotzdem die Gefahr hatten, es hätte ja knallen können, darüber waren sich viele oder die meisten waren sich bewusst, dass so was hätte passieren können. Trotzdem sind sie auf die Straße gegangen. Trotzdem haben sie an der Montagsdemo teilgenommen. Und die gleichen Leute, die standen mit einem Mal unter dem Druck, wenn sie jetzt nicht spuren, wenn sie sich nicht erpressen lassen, dann verlieren sie die Lebensgrundlage für ihre Familie, ja. Und das hat also dazu geführt, dass wir ein Absinken der Löhne bekommen haben im Baugewerbe, dass wir zu gewerkschaftlichen … eine gewerkschaftliche Gegenmacht überhaupt nicht mehr positionieren konnten, weil der Spruch: »Wenn dir das nicht passt, dann kannst du gehen! Da warten fünf andere«, der stimmte auch, der stimmte auch, weil es in der Tat so war, dass viele gute Fachleute, nicht weil sie schlecht waren oder weil die Firma schlecht war, nein, weil sie eben diesem Konkurrenzkampf nicht mehr folgen konnten, sind pleitegegangen. Und gute Fachleute standen auf der Straße und haben nach einem Job gesucht. Und der Arbeitgeber konnte sich das aussuchen. Und das ist für uns eine sehr, sehr schwierige Zeit gewesen, wo es dann auch immer schwieriger wurde, gewerkschaftliche Erfolge zu erzielen, auch in der Tarifpolitik. Wir haben damals einen Stufenplan gehabt zur Angleichung Ost/West. Da stand drinnen, ich glaube, es ist schon so lange her, ich glaube, vier oder fünf Jahre waren das, so ein Stufenplan, wann die 100 Prozent Angleichung ist. Ja, den haben die Arbeitgeber dann gekündigt, und wir konnten nichts dagegen machen, weil die Leute nicht bereit waren, was dagegen zu tun, und, ja, heute sind wir immer noch nicht bei 100 Prozent. Das ist schon etwas bedrückend, und das war viele Jahre etwas, was uns mächtig zu schaffen gemacht hat als Gewerkschaften. Weil das hat auch dazu geführt, zu so einer gewissen (…): »Naja, wenn ich sowieso nichts machen kann, warum soll ich dann noch in der Gewerkschaft sein!«, ja. Wir haben also auch sehr viele Mitglieder verloren in den letzten Jahren.[177]

Eva-Maria Stange

Stange schildert die Personalratsarbeit als Lernprozess sowohl auf Arbeitnehmer- als auch auf Arbeitgeberseite und den Umgang mit massenhaften Kündigungen.

Ich […] bin dann auch aus dieser gewerkschaftlichen Tätigkeit heraus auch in den Personalrat, den Bezirkspersonalrat gewählt worden und habe auch über diese Arbeit dann im Bezirkspersonalrat natürlich viel erfahren, über auch persönliche Schicksale. Also ich will das mal an einem Beispiel nennen: Wir haben angefangen, auch die Personalräte waren für uns ja was vollkommen Neues gewesen. Wir mussten alle lernen, sowohl

177 Transkript Schulze, S. 7 ff.

diejenigen, die in dem Personalrat drin waren, als auch die Behörde, das Regionalschulamt damals, mussten lernen, was es heißt, Personalvertretungsgesetz und welche Rechte, welche Pflichten sind da auch zu erfüllen. Und wir haben unsere Arbeit begonnen im Schuljahr '91/'92, als neu gewählter Bezirkspersonalrat hier im Regionalschulamt Dresden. Und an dem ersten Tag brachte uns der Leiter der Behörde 200 Kündigungen auf den Tisch, die wir innerhalb von, ich weiß es jetzt nicht mehr, 14 Tagen, wie die Fristen waren, ja zu denen wir uns positionieren sollten als Personalrat. Das ist eigentlich die schwierigste Situation, die einem als Personalrat – auch wenn man etabliert ist und wenn man Ahnung hat vom Gesetz und so weiter – passieren kann, dass man eine Kündigung auf dem Tisch hat und sich mit einer Kündigung auseinandersetzen muss. Und das war aber damals die Regel. Also ganz viele, insbesondere politisch begründete Kündigungen, die den Personalräten vorgelegt wurden, und wir mussten also ... wir wurden in das Wasser geworfen und mussten damit umgehen. Das hat mich sehr geprägt, also bis in meine spätere gewerkschaftliche Tätigkeit auch hinein, weil die GEW sehr früh erkannt hat, dass man nicht blindlinks diesen Kündigungen folgen kann, auch wenn es zu dieser Zeit eine Art Hetzjagd schon gegeben hat, gegen Beschäftigte im öffentlichen Dienst und insbesondere in den Schulen, die Schulleiter waren oder eher Bürgermeister mal gewesen sind, natürlich Leute, die Staatsbürgerkunde unterrichtet hatten, oder Freundschaftspionierleiter oder auch Parteisekretär an der Schule gewesen sind. Also es war ja alles ein Topf, bis hin zu den Stasi-Akten natürlich, wenn jemand eine Stasi-Akte hatte, dann war der per se schon mit in dem Kündigungsstapel mit drin, ohne dass nochmal hinterfragt wurde: »Was steht eigentlich in der Akte wirklich drin?« Und wir haben dann als Personalräte, also die GEW-Personalräte, muss ich immer sagen, weil sich die Vertreter des Beamtenbundes schon anders verhalten haben, aber die Personalräte der GEW haben sich in Abstimmung mit der GEW und mit Juristen dann auch dazu entschieden, wirklich jede einzelne Akte genau zu prüfen und genau zu prüfen, ob es gerechtfertigt ist, auch als Personalrat die Zustimmung zu geben zu der Kündigung, oder wie es ja auch möglich ist, sich der Stimme zu enthalten, also keine Stellung dazu abzugeben, sodass der Rechtsweg für den Betroffenen auch eher eingelegt werden kann. Denn wenn der Personalrat zustimmt, ist es auch für den Betroffenen schwer, vor Gericht zu ziehen, mit dieser Kündigung. Und wir haben, also ich habe dann persönlich durch meinen beruflichen Werdegang innerhalb der GEW ... 1997 oder '98 waren dann die ersten Gerichtsverfahren der Kündigungen unserer Kollegen vor dem Bundesverfassungsgericht gewesen, wo auch diejenigen, die es bis dahin durchgehalten hatten – es waren sechs, sieben Jahre Spießrutenlauf, wenn man das so will –, viele von ihnen Recht bekommen haben, auch vor dem Hintergrund des Einigungsvertrages, der einen klaren Passus hatte, unter welchen Bedingungen auch politische Kündigungen ausgesprochen werden konnten, und dann eben auch vor diesem Hintergrund ihr Recht bekamen, dass diese Kündigungen Unrecht gewesen sind. Das war, wenn man so will, über Jahre später dann auch eine Bestätigung, dass wir richtig gehandelt haben, obwohl wir viele Anfeindungen als GEW und auch ich persönlich später sogar noch, weil ich bei dem Bundesverfassungsgerichtsurteil dabei war, erfahren mussten, dass wir überhaupt das ermöglicht haben, dass man in einem Rechtstreit auch gegen eine Kündigung natürlich rechtmäßig vorgehen kann.[178]

Der Arbeitsplatzabbau in Ostdeutschland erforderte neue gewerkschaftliche Handlungsmuster, auch wenn diese auf Unverständnis in der Bundesorganisation stießen.

Also richtige Probleme traten erst in dem Moment ein, als wir hier angefangen haben, im Osten, um die Arbeitsplätze zu sichern, Teilzeitverträge abzuschließen, und das ging ja zuallererst bei den Erzieherinnen los, weil der Geburteneinbruch wirkte sich natürlich zuallererst in den Kindestagesstätten aus und sehr früh ja dann in den Kindertagesstätten aus, mit massenhaften Entlassungen in den Kommunen. Und wir haben damals versucht und überlegt: »Was machen wir jetzt?« Und da war natürlich naheliegend: Arbeit teilen, einfach die Arbeit teilen untereinander, um eben mehr Leute in Beschäftigung zu halten. Damals war die ÖTV noch nicht so weit, das tarifvertraglich abzusichern, also weil ÖTV ja auch zentral organisiert, da schlug dann eben der Westen zurück, sage ich jetzt mal, ja, man ringt dem Arbeitgeber etwas ab, und man gibt dem Arbeitgeber nichts, wenn man das so will. Das ist jetzt mal ein bisschen platt übersetzt, aber wir mussten ja eigentlich dem Arbeitgeber etwas geben, nämlich mehr Arbeitskraft für das gleiche Geld und damit auch den Kollegen etwas aufbürden, nämlich für weniger Geld zu arbeiten, was eigentlich vollkommen jenseits des Denkhorizonts einer Gewerkschaft ist. Und wir haben das dann zunächst in den Kommunen – teilweise waren damals ja die meisten Kindestagesstätten noch in kommunaler Verantwortung gewesen –, also mit den Bürgermeistern erkämpft, dass die manchmal nur für ein Jahr die Beschäftigungsverhältnisse gesichert haben und dafür Teilzeitverträge abgeschlossen haben mit den Beschäftigten. Dort, wo es uns nicht gelungen ist, haben wir ja gesehen, was passiert, da wurden die Erzieherinnen dann zu Verkäuferinnen umgeschult, die genauso wenig Chancen auf dem Arbeitsmarkt hatten, und viele sind auch über viele, viele Jahre überhaupt nicht mehr auf den Arbeitsmarkt gekommen. Und da gab es die ersten Auseinandersetzungen auch mit der Bundesorganisation, weil das eben nicht dem bisherigen gewerkschaftlichen Verständnis entsprach.[179]

Peter Witte

Witte berichtet über die sehr erfolgreichen ersten Tarifverhandlungen durch Streikandrohung in der noch existierenden DDR 1990 und stellt die wichtige Rolle der neu gegründeten IG BEW in der DDR für einen solchen Tarifabschluss heraus.

178 Transkript Stange, S. 4f.
179 Ebd., S. 22f.

Lassen Sie mich an einer Stelle nochmal an einem Fakt darstellen, wie wichtig diese Wochen und Monate waren zwischen unserem Kongress in Bernau[180] und dann am Ende der Auflösung. Das ist ja die Zeit, in der dann de Maizière mit seiner Noch-DDR-Regierung letztendlich auch den Schritt zur Wiedervereinigung vorbereitete, in der auch aber viele, viele wichtige Entscheidungen für unsere Branche, für unsere Industrie, für unsere Menschen gefallen sind. Und eine war zum Beispiel die Umwandlung der damaligen Rahmenkollektivverträge in originäre Tarifverträge. Mit der Wirtschafts-, Währungs- und Sozialunion ab 1. Juli 1990 galt ja bundesdeutsches Recht auch für uns, also mussten wir Tarifverträge haben und dieser Jobst Weißenborn, den ich ja Gott sei Dank in meinem Vorstand hatte, war einer der Fleißigsten überhaupt. Die IG Bergbau-Energie-Wasserwirtschaft war die erste Gewerkschaft, die den ersten Tarifvertrag nach bundesdeutschen Recht abgeschlossen hat und zwar für den Bereich Energie, also Elektroenergieerzeugung, Verteilung, Energiekombinate, die großen Kraftwerke, alle fielen unter diesen Bereich und das war ein Tarifvertrag, an dem die Bundesdeutschen später, als sie dann die Energiewirtschaft übernommen haben, noch Jahre geknabbert haben, um da so einiges wieder zurückzuführen, weil wir hatten damals mit einer sehr guten, ich denke aber auch, sehr guten Verhandlungsführung schon einen sehr guten Tarifvertrag abgeschlossen, der, und das ist so eine der Auseinandersetzungen, die ich hiermit ansprechen möchte, von dem damaligen Minister, der musste ja noch unterschreiben, das war ja noch so geregelt, dass die … es gab ja noch keinen Verbund der Energieunternehmen, der dann solche Verträge unterschreiben konnte, der sich weigerte den Vertrag zu unterschreiben, ich glaube ein gewisser Herr Steinberg[181], der saß am Schiffbauer Damm, mit dem Ergebnis, dass wir da eine Riesendemo gemacht haben. Wir haben sein Ministerium abgeriegelt, da kam keiner mehr rein, keiner mehr raus. Oben saß irgendein sowjetischer Energieattaché, mit dem er da verhandelt hat, Fernsehen war da, mit diversen Kameras und wir gingen dann, irgendwann hat er uns dann hochgebeten und wir haben dann oben mit ihm, wenn man so will, Tacheles gesprochen. Also wir haben gesagt: »Entweder, oder! Wir sind gewillt, wenn es sein muss, wir schalten auch ab!« Also wir hätten richtig den ersten, wenn man so will, Arbeitskampf in der DDR organisiert. Und jetzt komme ich nochmal darauf zurück, auf diese Frage (…) ÖTV, IG BE, IG BEW, wie auch immer, das war zum Beispiel eine Situation, die nur gelöst werden konnte, weil es eben eine neue IG Bergbau-Energie-Wasserwirtschaft in der DDR gab, in der Noch-DDR gab. Das hätte, wer auch immer, oder eine Gewerkschaft, die sich auseinanderdividiert hätte, nach dem Motto: »Ihr gehört zur ÖTV! Ihr gehört zur IG BE! Und ihr gehört vielleicht noch irgendwo anders hin!«, nie geschafft. Das konnten wir nur erreichen und nur durchführen, weil wir in Bernau

180 Zentraldelegiertenkonferenz vom 5.–7. April 1990 in Bernau, Gründung der IG Bergbau-Energie-Wasserwirtschaft.

181 Karl-Hermann Steinberg (1941), CDU, Minister für Umwelt, Naturschutz, Energie und Reaktorsicherheit im Kabinett Lothar de Maiziére.

uns zusammengerauft hatten und mit neuem Personal und mit neuen Personen und mit neuem Programm sicher und solide dastanden.[182]

Durch schnelle Lernprozesse und die Ungewissheit innerhalb der alten Kombinatsleitung wurden im Energiekombinat zahlreiche Sonderregelungen zugunsten der Belegschaft abgeschlossen.

Alle, alle, die Verantwortungsträger waren, angefangen von unserem Kombinatsdirektor bis auch runter zu meinem Betriebsdirektor, waren natürlich sehr dünnhäutig und sehr wohlwollend uns gegenüber, weil es gab ja bereits erste Vertrauensleutevollversammlungen, wo der Kombinatsdirektor weggejagt wurde, von den Mannschaften. Und sie hatten also alle immer, ja, der Berliner würde sagen »Muffensausen«, dass Ähnliches geschehen konnte, und waren natürlich, wenn ich mit einer Bitte kam, ich hatte da selten irgendwelche Probleme. Und ich sage mal jetzt auch etwas im Nachhinein, ich hatte ja schon geschildert, dass ich Kontakt mit den Gewerkschaftsvertretern, ÖTV-Vertretern, Betriebsrat der BEWAG West-Berlin hatte. Die BEWAG West-Berlin, ein Energieunternehmen, was wie kein anderes in der Bundesrepublik über Haustarifverträge sich ein Riesenkonglomerat von Sonderrechten und Vergünstigungen zusammengetragen hatte, und da haben wir natürlich gelernt von und haben gesagt: »Das machen wir jetzt sofort auch! Wir schließen mit unserem Werkdirektor auch noch mal zusätzlich zum RKV, nochmal zum BKV, nochmal Sonderregelungen ab!« Und da war dann mein Günther Zink, den ich in dieser Arbeitsgruppe hatte, ein ganz wichtiger Mann und wir haben die, ich sage mal, Angst des Werkdirektors mit ausgenutzt. Der hat dann auch einen benannt, seinen ökonomischen Direktor, der mit uns verhandeln durfte, und wir haben betriebliche Vereinbarungen abgeschlossen. Wir haben zum Beispiel den Hausarbeitstag für unverheiratete Männer eingeführt bei uns im Kombinat.[183]

Mit der Sonderstellung der Energiewirtschaft im Arbeitskampf und der fachlichen Überzeugung politischer Funktionsträger konnten erfolgreich Arbeitnehmerinteressen gegen Forderungen zur schnellen »Zerschlagung« des energiewirtschaftlichen Verbundes in der DDR durchgesetzt werden.

Hall: Wenn wir jetzt zum Beispiel auf die ersten Arbeitskampfmaßnahmen in der DDR schauen, von denen Sie ja gesprochen haben. Da ist ja durchaus dann auch ein Tarifvertrag zustande gekommen, sie haben es erwähnt, der sehr erfolgreich war, also die Tarifverhandlungen waren erfolgreich. Aber hätten Sie überhaupt diese Maßnahmen, wenn es jetzt zum Arbeitskampf tatsächlich gekommen wäre, finanzieren können? Oder hat man da sehr hoch gepokert?

Witte: Na, wir haben das bis zum Schluss, sage ich ganz offen, mit Sicherheit nicht zu Ende gedacht. Eine Streikkasse in dem Sinne hatten wir nicht. Wir waren zwar aufgrund unseres … trotz aller Wendeprobleme, immer noch sehr hochgradig und gut

182 Transkript Witte, S. 19f.
183 Ebd., S. 23f.

organisiert. Mitgliedsbeiträge, unsere Mitglieder haben auch sehr schnell von der allgemeinen FDGB-Kassierung sich abgewendet. Sie mussten ja neue Wege gehen, um das Geld auf unsere Kassen zu bringen, das funktionierte schon. Wir hatten am Ende, kann ich mich erinnern, ein Vermögen von fast sieben Millionen ja Mark, muss man noch sagen, die dann in D-Mark auch umgewandelt wurden, zu dem bekannten Kurs. Also (…) wir hätten mit Sicherheit Maßnahmen gehabt und möglich gemacht, die nicht … die sehr wehgetan hätten, logisch, wer am Schalter sitzt, da reicht es aus zehn Minuten auszuschalten und schon stehen alle Räder still. Also, wir waren gewillt, uns da auch entsprechend ins Benehmen zu setzen und entsprechend unsere Kraft zu zeigen, was aber dann ja aus bekannten Gründen nicht nötig war. Aber mir fällt ein, wenn Sie jetzt so nach weiteren Ereignissen fragen: Na klar, es gab zum Beispiel Forderungen des Bündnis '90, jetzt Grüne auch, die also die sofortige Stilllegung aller Tagebaue verlangten. Ich kann mich an eine gigantische Podiumsdiskussion erinnern, wo unser jetziger Ministerpräsident Matthias Platzeck als Bündnis '90/Grüner dort eine große Rede geredet hat, dass man also sofort alles und ganz schnell. Und wo ich dann eine Gegenrede geredet habe und ihm gesagt habe: »Wenn wir die Braunkohlentagebaue schließen, dann läuft der Spreewald trocken.« – »Ja, warum denn?« – »Ja, weil der zur Zeit gespeist wird mit dem Wasser, was zum Trockenhalten der Tagebaue gewonnen wird. Der ganze Wasserhaushalt muss da erst mal völlig neu reguliert werden und obendrein hast du sofort 20–30.000 Arbeitslose an der Backe.« Und schon wurden die Forderungen alle etwas relativiert und man einigte sich, über die Themen überhaupt erst mal sachlich, fachlich zu reden und nicht nur so eine Parole rauszuhauen. Oder aber es kam die Forderung, ich mutmaße mal, auch mit Unterstützung einer Gewerkschaft, die sagte, sie ist die alleinige Vertreterin der leitungsgebundenen Energie, die Energiewirtschaft ganz schnell auseinanderzunehmen. Da sollte ich eigentlich – und ich glaube es wäre ein Novum gewesen – als gewerkschaftlicher Vertreter der zuständigen Fachgewerkschaft Bergbau-Energie-Wasserwirtschaft vor der Volkskammer eine Rede reden, um die Abgeordneten dort zu informieren, wie wir die Situation als Arbeitnehmervertretung sehen. Ich bin auch in der Volkskammer gewesen. Ich hatte ein langes Gespräch mit de Maizière, der immer sagte: »Ich lass mir meine Energiewirtschaft nicht zerschlagen! Was bilden die sich ein, die Energiewirtschaft bleibt so, wie sie ist!« Sie bestand damals aus Energiekombinaten, Braunkohlekraftwerken, Bergwerken und Kraftwerken und dem großen Verbundnetz, und es gab ja auch erste Kontakte mit den großen bundesdeutschen Energieerzeugern, wie man da zu Lösungen kommen kann, die möglichst keine große Gefährdung herbeiführen. Ja, aber als dann der entscheidende Moment war, wo die Volkskammer zusammentreten sollte, gab es Bombenalarm. Sind wir alle auseinandergestiebt. Wir mussten alle sofort das … na, die Volkskammer tagte im Palast der Republik, ein Teil war ja Volkskammertagungsraum und damit hatte sich das dann erledigt, der Auftritt und auch diese Sitzung hatte sich erledigt. Und anschließend gab es dann Mehrheiten, die sagten: »Um Gottes Willen, wir können jetzt nicht«, sage ich mal, »die Basis für unsere Wirtschaft überhaupt anfangen umzustrukturieren und da möglicherweise alles durcheinanderbringen. Wir lassen es jetzt so, wie es ist!« Und die Entwicklung, die es dann genommen hat, ist ja bekannt.[184]

Jutta Schmidt

Für den Erhalt von Arbeitsplätzen war die gute Zusammenarbeit zwischen Leitung und Gewerkschaft äußerst wichtig.

Und das war zum Beispiel, dass wir bei uns in dem Institut in Frankfurt/Oder, worüber ich sehr, sehr glücklich war, dass wir von … dass wir die Forschungsthemen erhalten konnten, weil die Forscher standorttreu geblieben sind. Wenn von einem Forschungsthema die zwei Hauptköpfe nach Heidelberg abwandern, dann sind sie fort. Dann ist das Thema mit fort. Ja, weil das kannst du dann in Frankfurt/Oder nicht mehr weiterbearbeiten. Das ist dann weg, ja. Das war auch eine Sache, wo an der Stelle, denke ich, in dem Jahr, in dem ich dann BGL- beziehungsweise Betriebsratsvorsitzende war, mit dem Institutsdirektor voll an einem Strang gezogen habe und wir versucht haben, das Institut ja wissenschaftsfähig und überlebensfähig zu halten. Und das ist uns gelungen und inwieweit wir damit mitgearbeitet haben, kann man jetzt nicht auf Heller und Pfennig sagen, aber zu mindestens haben wir uns beide bemüht, das nicht zu behindern. Und das zeichnet ja auch für meine Begriffe auch einen guten Betriebsratsvorsitzenden aus, dass er nicht nur Kämpfer gegen den Leiter ist, sondern in dem Sinne sich als Co-Manager mit betätigt, ja und gerade in dieser harten Zeit.[185]

Thomas Arnold

Thomas Arnold stand als Konzernbetriebsratsvorsitzender bei TAKRAF vor enormen Herausforderungen (Massenentlassungen, Sozialplanverhandlungen), die durch alltägliche Schwierigkeiten der Betriebsratsarbeit erschwert wurden.

Naja, ich sage mal so, die Schwierigkeit war ja, dass wir ja erst mal am Anfang relativ blauäugig davon ausgegangen sind, dass unsere Produkte weltmarktfähig sind und dass man, ich sage mal, ja die Löhne dann halt in West kriegt, und es geht so weiter. Das haben wir relativ schnell gemerkt, dass das so nicht funktioniert. Dann hat es praktisch eine Analyse gegeben, ich denke, Roland Berger[186] war es damals, nach dem Motto: »Was man alles machen müsse, damit TAKRAF überhaupt überlebt«, was natürlich dazu geführt hat, wo das vorgestellt wurde, dass also auch dem Letzten dann klar war, dass das was

184 Ebd., S. 40 f.
185 Transkript Schmidt, S. 32.
186 Roland Berger (1937), Unternehmens- und Politikberater.

mit Massenentlassungen zu tun hat und mit, ja, massivem Elend, anders kann man es ja nicht sagen. Und wir hatten natürlich auch den Effekt, dass wir relativ hohe Altersdurchschnitte in den Betrieben hatten, das muss man schon so sehen, und da ging natürlich die Angst bei den Leuten um, nicht zu Unrecht. Und, ja, (...) dann hatten wir versucht zu gucken: »Ja, was ist mit unseren Betrieben los, was geht und was geht nicht?« Und, naja, wir sind da relativ blauäugig am Anfang, wirklich, rangegangen, weil man sich das alles nicht vorstellen konnte, dass man einfach solche Betriebe schließt, oder dass plötzlich ein Produkt nichts mehr wert sein soll. Also das war schon dramatisch, und das Schlimmere war dann, dass den Leuten plötzlich klar wurde, sie fallen in ein absolutes Loch. So, naja, und dann ging das los: »Ja, wir müssen Interessenausgleich Sozialplan verhandeln.« Sozialplan konnte man sich ja noch was drunter vorstellen, also (...) Geld gegen Arbeitsplatz, sage ich jetzt einfach mal, das war für viele klar, aber Interessenausgleich, das war für viele nicht nachvollziehbar, für mich damals genauso wenig. Ja, und da haben wir dann halt geguckt: »Was wollen die überhaupt, wo soll denn die Reise hingehen? Und einige von diesen Belegschaften haben sich da auch gewehrt, immens gewehrt, einige dieser 30 TAKRAF-Betriebe sind relativ schnell rausgekauft worden. Ja, ich kann mich erinnern, Mannesmann hatte dann so ein Werk in Luisenthal wohl übernommen und das waren noch so ein paar, die dann relativ schnell weggingen, das waren so die Filetstücke, sage ich jetzt ganz einfach mal. Dann alles, was bei uns ... zu TAKRAF gehörte, auch der Ostdeutsche Aufzugsbau, kann man sich auch vorstellen, wer da Interesse dran hatte, ja, und dann gab es natürlich halt die Großbetriebe, da gehörte also das Lauchhammerwerk dazu, mit ein paar Tausend Beschäftigten, die Leipziger Betriebe, die auch alle mehrere Tausend Beschäftigte hatten, also, wo es dann richtig eng wurde. Und, ja, dann brach der Absatz im Osten völlig zusammen, ist klar, ja, und dann haben wir uns plötzlich mit dem Thema Sozialplan befasst und haben dann erst in der Diskussion mit unseren Kollegen der IG Metall (West): »Naja gut, Sozialplan ist ja ganz nett und Abfindungen, aber Beschäftigungsgesellschaft ist ja eine Nummer schlauer, ja, also das mit, auch zu kombinieren.« Und ja, dann mussten wir uns erst mal erklären: »Ja, wie geht denn das und was passiert denn da?« Und das waren so die Geschichten, die sie uns dann erzählt haben, dass das also im Saarland, vor allen Dingen in der Stahlindustrie, schon mal gemacht worden ist. Ja, und deshalb sind so diese Bildungs- und Beschäftigungsgesellschaft entstanden und, ja, das musste man natürlich auch wieder mit den Leuten diskutieren: »Was ist da gut und wie funktioniert das?« Und, naja, das war schon eine Zeit, weil viele dann relativ platt auf die Schiene gegangen sind und gesagt haben: »Also gut, es wird mich höchstwahrscheinlich treffen, jetzt will ich wissen, wie viel ich Geld kriege!« Und das war ja aber gar nicht unser Ansatz, wir wollten ja so viel wie möglich Arbeitskräfte halten und nach Möglichkeit so viel wie möglich in diese Beschäftigungsgesellschaft bringen, damit die eine Chance haben, wie immer diese Chance auch aussieht, das war uns auch nicht ganz klar, aber vielleicht über Umschulungen in andere Bereiche zu kommen, die es berufstechnisch im Osten gar nicht gab. [...] Also, da gab es schon ein paar Geschichten, wo dann auch Umschulung, Qualifizierung passiert ist. Das man also auch manchen Leuten, ich sage mal, eine Perspektive schaffen konnte, und für viele war es schon hilfreich, dort zwei Jahre Verbleibdauer zu haben, weil die dann in diese vorgezogene Rente kamen, da gab es so eine Sonderlösung, dass, ich denke mal, bis Jahrgang '36, das war wohl der letzte Jahrgang, der dann praktisch ohne Probleme bis in die Rente kam, ja. Aber das waren halt nicht alle, ganz klar, und für viele war es halt eine Verzögerung der Arbeitslosigkeit, muss man auch mal klar sagen, ja. Naja, die wurden ja dort in Kurzarbeit weiter beschäftigt, sage ich mal, Kurzarbeit Null. Ja, das ist natürlich, wenn man das mit organisieren soll und da mit aushandeln soll, das ist natürlich schon eine recht komplizierte Sache, von was, wo man vorher nie geahnt hat, dass es so was überhaupt gibt. Und da haben wir aber ganz gute Unterstützung gehabt, wir hatten damals einen Rechtsanwalt, Olaf Scholz hieß der, ja, so ist das manchmal. Naja, und unsere Kollegen aus der Verwaltungsstelle, ja dann schon, die haben natürlich auch alles getan, haben auch, kann ich mich erinnern, als GBR ein Seminar gemacht, um, ja wie reagiert man als GBR auf so eine Sozialplanverhandlung, was muss man tun, was darf man nicht tun, ja, und dass keiner ausschert, naja, solche Sachen. Also, das war jeden Tag was anderes und nichts Gutes, sage ich einfach, ja, und das ist ja auch mit recht einfachen Mitteln gestaltet worden. Also ich habe zum Beispiel als Gesamtbetriebsratsvorsitzender und Konzernbetriebsratsvorsitzender nie ein Auto gehabt. Ich habe das alles mit öffentlichen Nahverkehrsmitteln abgewickelt. Ich denke mal, das würde heute auch anders aussehen. Ja, also, das war aber so die Zeit, und das war ja auch in Ordnung. (…) Telefon, auch schwierig, ja, wer sich noch an die ersten Telefone, Funktelefone erinnert, die waren also so mal so und vielleicht 15 Kilo schwer oder irgend so was und funktionierten nur, wenn man auf der Höhe stand und so was. Also da gab es schon so ein paar Hindernisse, aber die hatte die Gegenseite halt auch, das war vielleicht der Ausgleich. Aber das Schlimmste eigentlich war die Verunsicherung der Leute, die also dann auf Schritt und Tritt einen gefragt haben, wie es denn aussieht und wie es sie dann persönlich betreffen würde, wenn dieser Sozialplan unterschrieben wäre, und so was. Das war schon auch sehr menschlich belastend, sage ich einfach mal. Ich war damals 27 Jahre alt und hatte mit, naja, 60 anderen, das war dieser Gesamtbetriebsrat, die Verantwortung für 42.000 Leute, das ist schon schwierig.[187]

Die Tarifpolitik schätzt Arnold insgesamt positiv ein.

Also ich bin froh, dass es so gekommen ist, wie es dann gekommen ist, weil wir hatten ja im Prinzip ein Ziel, was wir bis heute noch nicht in allen Punkten umgesetzt haben, nämlich die Angleichung Ost-West. Ja, und da haben wir angefangen, und da war es noch diese Geschichte, dass es die IG Metall Ost und West gab, kann ich mich an ein Flugblatt erinnern, da wurde dann geschrieben, wie viel wir haben, und wie viel ein westdeutscher Kollege hat und in welchen Schritten das gemacht werden könnte, das war so die Grunddiskussion. Und die haben wir ja über Jahre geführt und haben dann ja '93 den Metall-

187 Transkript Arnold, S. 37 ff.

arbeiterstreik hier gemacht, wo dann praktisch geklärt worden ist, wie die Einkommensverhältnisse, also die Tariflöhne angepasst werden, so in welchen Stufen und so weiter. Und da hat sich diese IG Metall ganz einfach bewährt, das muss man klar sagen, weil, sie hat Leuten eine Perspektive geschaffen, die dann auch hier geblieben sind, weil, wenn klar war, das in so und so viel Jahren die Angleichung West erst mal da ist, dann ist das okay. Was wir nicht geschafft haben, ist ja die Arbeitszeit. Ja, das ist so der Schritt, der noch fehlt, der natürlich auch was mit Geld zu tun hat, aber ich sage mal, die Tarifeinkommen, die Lohntabellen haben wir ja damals geschafft. Und deshalb sage ich: Das war auch der richtige Weg, auch '93, zum Beispiel, in den Streik zu gehen, was ja hoch umstritten war, bei einer Arbeitslosenquote, die unendlich war, ja. Aber da gab es auch eine Gerechtigkeitsdiskussion unter der Bevölkerung, und die hat uns damals geholfen, das muss man klar sagen. Und deshalb bin ich mit meiner IG Metall da sehr zufrieden.[188]

Mitbestimmung bei der Transformation?

Bezüglich der Handlungsfähigkeit der neuen Gewerkschaftsstrukturen 1990 zeichnen sich differenzierte Sichtweisen ab. Einerseits bestand demnach ein kurzes Zeitfenster bis zu den Verhandlungen mit der Treuhandanstalt, während dessen die Gewerkschaften und Beschäftigen einen großen Handlungsspielraum hatten. Andererseits wird in den Zeitzeugengesprächen aber auch davon berichtet, wie begrenzt letztlich die Möglichkeiten der Arbeitnehmervertretungen im Deindustrialisierungsprozess in Ostdeutschland waren und dies nicht nur aufgrund politischer Entscheidungen, wie sie in der Struktur und Ausrichtung der Treuhandanstalt deutlich werden, sondern auch durch Defizite der im Neuaufbau befindlichen Gewerkschaften.

Peter Schulze

Peter Schulze sieht ein kurzes Zeitfenster bis zu den Verhandlungen mit der Treuhandanstalt, in dem die Gewerkschaften und Beschäftigen eine sehr gute Machtposition hatten.

Ich habe in einem Betrieb gearbeitet, das waren damals 1.600 Beschäftigte, die Industriebau Wernigerode GmbH, und dieser Betrieb stand dann auch vor der Privatisierung, so wie die gesamte Volkswirtschaft und das war auch eine Zeit, wo wir als Gewerkschaften eine richtige Macht waren im Betrieb, also, da ging nichts an uns vorbei. Und alle Dinge, die die damalige Direktion dieses Betriebes machen wollte, die haben die mit uns abgestimmt, weil es gab andere Beispiele, wo sie die Geschäftsleitung, die Direktion dann weggejagt haben. Die Beschäftigten haben die weggejagt, haben gesagt: »Euch wollen

188 Transkript Arnold, S. 43.

wir nicht!«, und die sind dann auch gegangen, da gab es auch keine Widerstände da. Die Arbeitnehmer hatten da eine wahnsinnige Macht. Dann kam dann die Beratung mit der Treuhand, die Verkaufsverhandlungen mit der Treuhand, das war so ziemlich mit auch eine bittere Zeit in meinem Leben, wo dann auch eine große Zahl von Entlassungen vorgenommen wurden, wie das insgesamt in der DDR war. Man hat sich also dann, wie gesagt, wie man so schön sagt, auf die Kerngeschäfte konzentriert, während die Firma ja zu DDR-Zeiten, musste sie viel breiter aufgestellt sein, da gab es Auflagen vom Staat, Konsumgüterproduktion zu machen, also irgendwie, welche Dinge, die auch wirklich nicht reingehörten in so ein Geschäft, davon hat man sich dann getrennt. Es wurden auch Teile, die heute völlig selbstständige Bereiche sind, wurden ausgegliedert. Das sind eben auch … hat dazu geführt, dass im Prinzip dieser Betrieb von 1.600 auf so gute 600 geschrumpft wurde. Wir haben dann Sozialplanverhandlungen geführt. Muss man auch deutlich sagen, dass auch die damaligen Chefs recht sozial eingestellt waren. Wir haben also versucht, da auch das Maximale im Prinzip rauszuholen. Trotzdem hat man sich von den Leuten getrennt, egal ob es dann Geld für gab oder nicht. Die Leute waren weg, die hatten ihre Arbeit verloren. Dann haben wir alle noch so eine Mentalität gehabt: »Wer im Westen …, wenn du arbeiten willst, dann kriegst du auch Arbeit.« Aber hier sind Hunderttausende von Menschen auf einen Schlag arbeitslos geworden und da war die Situation nicht so, von wegen, dass man: »Wer arbeiten will, der kriegt auch Arbeit!« Das war schon eine sehr schwierige Zeit und viele von den Kolleginnen und Kollegen, die da gehen mussten, die waren dann sehr lange arbeitslos und haben also da nicht wieder richtig einen Fuß auf die Erde gekriegt.[189]

Er kritisiert Fehler der Treuhandanstalt bei der Privatisierung, weil keine ausreichende Prüfung der westdeutschen Investoren vorgenommen wurde und vielversprechende Management-Buy-out-Lösungen, also Verkäufe von Unternehmen an ehemals leitende Angestellte, aus nicht nachvollziehbaren Gründen abgelehnt wurden.

Mein Vorgänger hier in Magdeburg war Klaus Wiesehügel[190], unser heutiger Bundesvorsitzender, der war hier Geschäftsführer in Magdeburg. Und der wurde dann in dem Jahr in den Bundesvorstand gewählt, und ich habe den Klaus dann hier praktisch abgelöst als Geschäftsführer der IG Bau-Steine-Erden. Und da muss ich sagen, das war für mich ja auch nun was völlig anderes und das war einfach eine tolle Zeit, wenn wir eingeladen haben zu Versammlungen zu dem damaligen Zeitpunkt, dann haben die Räume oft nicht gereicht. Da mussten Leute stehen, weil wir nicht genügend Stühle da hatten. Wir haben Dinge auch in den Betrieben machen können, wo also die Leute bereit waren sich zu wehren gegen irgendwelche Ungerechtigkeiten. Oder ich denke noch dran: Wir hatten hier … unser größter Betrieb in Magdeburg, das war die Magdeburger Hochbau AG, die sollte

189 Transkript Schulze, S. 4f.
190 Klaus Wiesehügel (1953), 1995 bis 2013 Vorsitzender der IG Bauen-Agrar-Umwelt.

privatisiert werden und dann sind die Leute da Sturm gelaufen gegen den, der da Käufer war. Dann haben sie … da war der Herr Rexrodt[191] mal hier zu Besuch in der Firma, dann haben die den festgesetzt, haben im Prinzip die Türen zugemacht und haben gesagt: »Sie kommen hier nicht eher raus, bevor es hier eine Lösung gibt für die Magdeburger Hochbau AG, die Sie auflösen wollten.« Also die Leute hatten Mut, die Leute haben sich was getraut, sind auch manchmal über das Ziel hinausgeschossen dabei, aber es war einfach so, es war viel Bewegung. Es gab dann richtige Niederschläge. Wir haben hier unser ganz großes Bauunternehmen mit 1.000 Beschäftigten hier in Magdeburg gehabt, die richtig gesund waren, die richtig Geld hatten. Da hatte sich die damalige Direktion beworben, das zu kaufen über Management-Buy-out. Das hat der Betriebsrat, das haben die Beschäftigen alle auch mit befürwortet und wollten das. Und dann hat die Treuhand gesagt: »Nein! Ihr habt keine Erfahrung.« Die waren jahrelang Geschäftsleiter, die waren Bauleiter in diesem Unternehmen, »Ihr habt keine Erfahrung!«, und dann wurde das verkauft an einen Düsseldorfer Bauunternehmer, wie sich dann im Nachhinein rausstellte, bestand das aus seiner Frau und ihm, das Bauunternehmen. Der hat dann die vorläufige Geschäftsführungsbefugnis gekriegt, hat die Konten geplündert und hat sich dann irgendwo da nach Südamerika abgesetzt und dann ist diese große Bude krachen gegangen, die Komplexbau Magdeburg GmbH. Das waren dann auch so Erfahrungen, wo man hilflos war, wo man einfach nicht wusste: Was kann man jetzt machen? Es war auch … Es waren alles so Leerräume, die da waren, also wo man keine richtigen rechtlichen Grundlagen hatte dazu und vieles auch so aus dem Bauch entschieden wurde.[192]

Als problematisch betrachtet Schulze auch die Arbeit sehr junger, unerfahrener Unternehmensberater, die für die Treuhandanstalt tätig wurden. In der Treuhand fanden sowohl die Betriebsdirektoren als auch die Belegschaften ein gemeinsames Feindbild. Trotzdem mussten die freundschaftlichen Verhältnisse zwischen alten Betriebsleitern und Gewerkschaftern aufgebrochen werden, um Handlungsfähigkeit zu erreichen, die mit dem Wegfall wichtiger betrieblicher Interessenvertretungsstrukturen (Vertrauensleuteapparat) deutlich schwieriger gegeben war.

Aber es war schon schwierig, auch mit der Treuhand da zu agieren, weil die saßen nur in Berlin. Die haben dann auch vielfach ihre Außenstellen über Unternehmensberatungen gemacht. Ich weiß noch, wir haben damals sehr viele Leute hier von Pricewaterhouse gehabt in Magdeburg. Das waren alles ganz junge Leute, die kurz nach dem Studium, ich sage mal, fast so eine Volontärzeit hatten da und die haben dann entschieden über Tausende von Arbeitsplätzen, ja. Das war schon schwierig. Also die Phase, wo wir dort auch Widerstände organisiert haben, gegen oft aber auch … ich sage mal, muss man ja auch sagen, es ist immer sehr unterschiedlich gewesen. Es ist nicht das betriebliche Management gewesen. Das waren oft auch im Prinzip die Entscheidungen der Treuhand

191 Günter Rexrodt (1941–2004), FDP, 1993 bis 1998 Bundesminister für Wirtschaft.
192 Transkript Schulze, S. 6f.

in der Zeit, gegen die man … Das ist noch was anderes. Da hat man teilweise sogar die Unterstützung gehabt der Geschäftsführungen in den Betrieben. Das war dann so erst in der Folge der Phase. Wir haben dann die ersten Tarifverträge geschlossen. Die waren, wie gesagt, super, haben auch tolle Steigerungsraten gehabt am Anfang und kaum irgendwo die Situation, dass wir da mal für streiken wollten oder mussten, weil es war einfach, wir haben gutes Geld verdient, die Baubetriebe haben gutes Geld verdient in der Zeit und dann gab es auch vernünftige Tarifverträge. Wir haben dann auch, denke ich schon, auch für politische Ziele Demonstrationen organisiert mit wahnsinnig vielen Teilnehmern. Also wir haben gerade neulich mal darüber sinniert, wenn wir früher mal so eine Demo hier organisiert haben, da war der Domplatz voll in Magdeburg von unserer Gewerkschaft und das wird heute schon ein bisschen schwieriger, ja, die Leute so zu mobilisieren und auf die Beine zu bringen. Im Betrieb gab es sehr viel Beratungsbedarf, weil auch die Betriebsräte, die dann neu gewählt wurden … Wir haben Betriebsratswahlen versucht zu initiieren, zu begleiten, die dann da waren. Und das war schon immer nicht so leicht, weil es ist ja sehr arbeitsaufwendig, weil wir ja doch eine relativ große Fläche haben hier. Dann haben wir in den Betrieben auch viele Konflikte lösen müssen, versuchen da mit gemeinsam zu unterstützen, wo wir dann auch, ich sage mal, immer den Versuch gemacht haben, auch sie mal so ein bisschen aus der Harmonielinie rauszubringen, weil das waren die ja auch nicht gewohnt. Die waren ja so wie ich, wir sind in einem Betrieb teilweise auf …, wir sind »per Du« gewesen, weil man … Das war eben halt zu DDR-Zeiten so, wenn der Chef kam: »Hallo Christian, grüß dich! Wie geht's?« Das ist ein völlig anderes Miteinander jetzt, und wenn man dann im Betrieb Konflikte hatte, dann konnten sich viele Kollegen auch nicht vorstellen: »Ich kann mich doch jetzt nicht mit denen streiten da …«, das war schon schwierig.[193]

Eva-Maria Stange

Der Handlungsspielraum war für die GEW vorhanden, weil im öffentlichen Bereich, anders als in der Privatwirtschaft, auch ein Zwang für partnerschaftliche Lösungen bestand.

Tja, das ist also sicherlich jetzt für den öffentlichen Dienst nochmal ein bisschen anders, als das in dem verarbeitenden Gewerbe der Fall gewesen ist, wo die Betriebe einfach plattgemacht worden sind, ja, und die Leute von heute auf morgen auf der Straße standen. Im öffentlichen Bereich und gerade im Bildungsbereich war ja immer klar, das muss weitergehen, also den macht man nicht einfach mal platt, Schule muss weitergehen, Kindertagesstätten gehen weiter, Hochschulen gehen weiter. Die Schule hat durchgängig, auch über die Wende hinweg, immer gearbeitet, das hat also nicht einen Tag wendebedingt gegeben, dass Schule geschlossen gewesen ist, ja. Und das ist, glaube ich, auch ein

193 Transkript Schulze, S. 48 f.

ganz großer Unterschied, weil damit natürlich immer beide Seiten im Zwang sind, sich zu verständigen, also gewerkschaftliche Seite und Arbeitgeberseite im Zwang sind, sich zu verständigen: »Wie geht es weiter?« Hinzu kommt, dass es im Bereich der Lehrkräfte, das haben wir anfangs nicht gewusst, aber das wurde uns dann zunehmend bewusster, bundesweit keine Erfahrungen mit Kündigungen gab. Also, man wusste nicht, auch die Arbeitgeber, sprich das Kultusministerium, die Landesregierungen wussten nicht, ob das überhaupt funktionieren kann, dass man Lehrer kündigt, weil das Kündigungsschutzgesetz verlangte ja immer eine umfassende Prüfung der Kriterien hinsichtlich der Kündigung. Und erst als dann Jahre später die ersten Prozesse wirklich geführt worden sind, auch vor dem Hintergrund von Teilzeitvereinbarungen, wo sich Kollegen dann verweigert haben, die Teilzeitarbeitsverträge zu unterschreiben, erst dann wurde so einigermaßen klar, dass es eben in der Tat nicht so einfach ist, zu kündigen. Und klar, wir hätten es auch drauf ankommen lassen, als Gewerkschaften, aber das war mit unserem damaligen Kenntnisstand Anfang der 1990er-Jahre, wäre das ein großes Wagnis gewesen. Und deswegen war der Handlungsspielraum schon vorhanden, für die Gewerkschaften, also für die GEW kann ich das sagen, auch Dinge durchzudrücken, weil wir auch sehr schnell gelernt hatten, Streiks durchzuführen und die Kollegen – trotz ihrer Angst, die sie hatten, auch die ihnen gemacht worden ist, dass sie gekündigt werden, dass sie versetzt werden, dass das Konsequenzen hat und all diese Dinge, die dann ja so aus der Kiste gezogen werden – ist es dann doch relativ schnell gelungen, also die ersten Streiks … Also der erste Streik fand 1993 statt, das war ein großer landesweiter Streik gewesen hier im Bereich der Lehrer, und wir wussten: »Wir haben Instrumente in der Hand, mit denen wir auch die Arbeitgeber zwingen können«, wenn auch nicht zum vollen Erfolg, so doch zu mindestens zu Teilerfolgen, die damit erreicht werden konnten. Also, sie mussten sich immer wieder an den Verhandlungstisch setzen, sie mussten mit uns Gespräche führen, über die Arbeitsbedingungen und über das Thema Kündigungen.[194]

Wolfgang Weber

Weber glaubt, dass nicht in allen Fällen genug Handlungsspielraum vorhanden war, wie beispielsweise beim WBB-Skandal[195], bei dem kriminelle Machenschaften im Zusammenspiel mit ungenügender Prüfung durch die Treuhandanstalt zum Bankrott des Unternehmens führten. Er ist

194 Transkript Stange, S. 25 f.

195 Der Monopolist für den Bau von Kraftwerksanlagen in der DDR, der VEB Wärmeanlagenbau Berlin, kurz WBB, (2.000 Mitarbeiter), wurde 1991 mit Zustimmung der Treuhandanstalt an eine kleine schweizerische Firma (40 Mitarbeiter) veräußerst. Eingefädelt wurde diese Übernahme durch den neuen Geschäftsführer der WBB, Michael Rottmann (1963), ehemals Angestellter im energietechnischen Anlagenbau der Deutschen Babcock AG, der mit zwei schweizerischen Geschäftspartnern über ein Firmengeflecht sukzessive große Summe des WBB-Firmenkapitals, insgesamt rund 150 Mio. DM, auf Privatkonten umschichtete und so das Unternehmen in die Insolvenz trieb. Rottmann selbst wurde 2009 wegen

aber auch der Meinung, dass Übergangswege durch Umschulungen, Beschäftigungsgesellschaften etc. aufgezeigt wurden, die natürlich von den betroffenen Arbeitnehmerinnen und Arbeitnehmern genutzt und eingeschlagen werden mussten.

Hall: Waren die neuen Gewerkschaftsstrukturen Ihrer Meinung nach ausreichend handlungsfähig, und haben sie die Erwartungen der Belegschaften berücksichtigen können, das heißt, Stichworte: Massenentlassungen, wir haben darüber gesprochen, Abwicklung, Treuhandanstalt, das alles spielt da ja mit hinein. Glauben Sie, dass da genug Handlungsspielraum war?

Weber: Nicht in allen Fällen. Also wir hatten in der Tariffrage, hatten wir keine Probleme, die nicht lösbar waren, klar musste man da auch Kompromisse eingehen und der eine oder andere wird immer gesagt haben: »Öh, das hätte ja mehr sein können!« Ein völlig normales Ding, das ist heute genauso. Bei der Treuhandanstalt haben wir in vielen Bereichen positive Sachen, also wenn ich die heute betrachte, erreicht, aber nicht in allen. Da sind wir beim Thema Wärmeanlagenbau wieder. Diese kriminelle Machenschaft von Rottmann und Konsorten konnte nur im Zusammenspiel mit der Treuhand passieren. Da fällt mir von der Treuhand der Name Nawrocki ein, der ist ja damals als, ich glaube, Hauptabteilungsleiter, war der da, oder irgend so, oder Referatsleiter oder wie die das nannten. Das war da so ein ... naja, der war nicht ganz koscher. Deshalb, man kann das nicht so global beantworten, das wäre falsch. Wir haben viele, viele Sachen über diese Wege, als Gewerkschafter erreichen können, die sonst katastrophal zu großen, großen wirtschaftlichen Brüchen geführt hätten, zu sozialen Brüchen, an denen wir kaputt gegangen wären, als deutsche Gesellschaft. Wo ich da dran denke, Kali und Salz, ein Beispiel: Ohne das gemeinsame Wirken innerhalb der Strukturen der Treuhandanstalt und der Politik, wäre das schlimmer ausgegangen, wie es dann ausgegangen ist. Klar, werden auch die Leute, die da ihre Arbeitsplätze losgeworden sind, da niemals dazu klatschen. Aber es wurden Übergangswege jetzt aufgezeigt und formuliert und durchgesetzt, die dann dazu führten, dass die Menschen sich umorientieren konnten. Natürlich muss man dann auch auf so einen Zug aufsteigen und mitfahren, wenn ich dann am Bahnhof stehen bleibe und sage: »Der fährt nicht in die Sonne!«, dann werde ich da nicht mitgenommen. Wir haben die ganze Strukturveränderung der Energiewirtschaft, der Stromwirtschaft, haben wir begleitet. Ich kann davon reden, Märkische Energieversorgung, das war der größte der ostdeutschen Energiebetriebe. In dem war ich in Verantwortung, als stellvertretender Aufsichtsratsvorsitzender, als Gewerkschafter, um dafür Sorge zu tragen, dass der Prozess so abläuft, wie er eben dann abgelaufen ist, nämlich ohne soziale Brüche. Da ist keiner zum Arbeitsamt gegangen, von der gesamten Palette der Mitarbeiter, ja, da ist keiner entlassen worden, die sind bis zum Ruhestand begleitet worden. Wo es nicht passierte, ist zum ... ich sage mal in der Bewertung positiv, das ist Premnitz da, dieser große

Untreue zur drei Jahren Haft verurteilt, jedoch 2010 aufgrund der Verjährung der Vorwürfe in einem Revisionsprozess durch den Bundesgerichtshof freigesprochen.

Chemieteil. Der ist voll gegen die Wand gefahren. Klar wurde da dann auch versucht, ich habe es ja auch gemacht, mit den Arbeitsämtern zusammen, mit Auffangstrukturen, die wir gebildet haben, Leute eben nicht bloß in der Schlange vor dem Arbeitsamt sitzen zu lassen, aber da ist es am schlechtesten gelaufen.[196]

Renate Hürtgen

Hürtgen ist der Meinung, dass die Gewerkschaften ausreichend Mitbestimmungsmöglichkeiten bei der Transformation der ostdeutschen Wirtschaft hatten, diese aber nicht umfänglich nutzten, weil sie sich an alten Handlungsmustern und Strukturen orientierten, was sich an ihrem Umgang mit branchenspezifischen Konkurrenzsituationen und wilden Streiks/Hungerstreiks von Belegschaften gezeigt habe.

[Zur Frage nach dem Handlungsspielraum:] Ja, ja klar. Also jetzt hier gewerkschaftlicher, damit kann ja jetzt nur westgewerkschaftliche gemeint sein, denn der Handlungsspielraum von der Ostseite war für alle dahin. Naja, ja, ich weiß, die sogenannten Realisten, die sagen dann: »Es ging gar nichts anderes!« Wissen Sie, das ist im Nachhinein schwer zu sagen, ob es … Ich habe damals an einen anderen Handlungsspielraum gedacht, das gebe ich zu. Das ist richtig. Ich hätte schon gedacht, dass sie eine gewisse … Sie waren einfach, die Westgewerkschaften jetzt, sie waren ein notwendiger Akteur. Ohne diese Westgewerkschaften hätte die Kohl-Regierung, glaube ich, ihr Programm so nicht durchsetzen können, das war schon wichtig. Also wenn es … Weil es war ja nun auch gerade, im Osten hatte es sich ja auch gerade gezeigt, dass wenn Massen irgendwie … Also dieses Gefühl, dass man mit Massenaktionen etwas verändern kann, war ja da noch. Also, es wäre ja nicht so aus dem Nichts gekommen. Und wenn also jetzt die Gewerkschaften ihre Rolle anders verstanden hätten, eben so als Akteur jetzt in diesem Prozess, der jetzt sagt: »Wir wollen jetzt den nutzen den Prozess und wir wollen nicht die Kohl-Regierung oder wir wollen jetzt nicht sozusagen alles, was wir jetzt bis gerade aktuell haben, als die beste aller Welten übertragen, sondern wir wollen sozusagen gemeinsam was Besseres«, ich denke schon. Oder ein bisschen weniger pathetisch formuliert, wie gesagt, als dann die Treuhand mit ihren ersten Aktionen begann oder als es klar war, war ja sehr schnell klar, was hier passiert, natürlich hätte sie den Gewerkschaftseinfluss größer machen können, mithilfe … Naja gut, den Gewerkschaftseinfluss den hatte sie ja, den hat sie ja bloß nicht genutzt. Sie war ja vertreten in der Treuhand, sie hatte ja ihr … ist schon richtig. Und insofern, das war es nicht. Naja, gut, es hilft kein Jammern, sie hatte damals – wer heißt »sie«, ich meine die Gewerkschaftsfunktionäre, die damals das …, und auch die Mitglieder, die damals maßgeblich das Selbstverständnis geprägt haben, hatten kein anderes Selbstverständnis als dieses, mehrheitlich meine ich jetzt, dieses Modell jetzt bestmöglich auf

196 Transkript Weber, S. 35 f.

die DDR zu übertragen. Das war ihre … und eine andere Funktion, glaube ich, haben sie gar nicht für sich gesehen und da kann man nun jammern und kann sagen … aber so war es. Was heißt Handlungsspielraum? Und in dem Sinne hatte sie eigentlich, finde ich, einen ganz guten Handlungsspielraum, also, dass man nun so sagen kann, sie waren … sie sind verdrängt worden von Unternehmerseite oder so, das sehe ich nicht so. Betriebsräte konnten überall und wurden ja auch überall erst mal installiert im Osten.[197]

Jutta Schmidt

Schmidt urteilt, dass die ostdeutschen Gewerkschaften in dieser Phase grundsätzlich kaum handlungsfähig waren.

Also, ich denke die Strukturen im Osten Deutschlands, egal jetzt mal, ob sie so was Neues waren, wie die ÖTV in der DDR, also erst mal was Neues, oder als ob sie mehr oder minder als verlängerter Arm einer westlichen Gewerkschaft gearbeitet haben, waren meiner Meinung nach, alle, alleine, in dem Sinne, nicht handlungsfähig, weil handlungsfähige Gewerkschaft bedeutet zum Beispiel: aufgefüllte Streikkasse, handlungsfähige Gewerkschaft bedeutet: Lobbyismus, Verbindungen überall hin, um Interessen durchzusetzen, Einfluss auf die Politik, das hatten die Gewerkschaften im Osten in dem Sinne alle gar nicht – woher sollten sie das auch haben – und ohne diese Unterstützung der entsprechenden westlichen Strukturen, denke ich, hätten wir hier zwar brüllen können ohne Ende, aber uns hätte keiner gehört, ja. So, und wir haben zum Einen gebraucht: das Knowhow, zum Anderen: das Geld, das war ein teures, teures Unterfangen, die Gewerkschaft ÖTV hat viel, viel Geld in die neuen Bundesländer gepumpt.[198]

Sieglinde Merbitz

Merbitz beschreibt, dass das Zeitfenster für die Ziele der Bürgerbewegung und eine mögliche Konföderation zu kurz war und damit auch Mitbestimmung bei der Transformation der Wirtschaft, wegen der gegebenen politischen Machtverhältnisse, kaum vorhanden war. Sie hebt allerdings auch hervor, dass die Probleme, die beispielsweise die Politik der Treuhandanstalt hervorgerufen hat (Massenentlassungen), von den Belegschaften nicht der IG Metall zugeschrieben wurden.

Ja, also ich denke, diese Chance war vom Dezember '89 bis zu den Volkskammerwahlen da. Aber wahrscheinlich war das Zeitfenster zu kurz und (…), ja, die Bürgerbewegung hatte ganz einfach nicht die Instrumente. Es fehlte einfach an den Strukturen, und die waren dann gegeben, durch die Klarstellung der Machtverhältnisse und dann haben ja

197 Transkript Hürtgen, S. 70f.
198 Transkript Schmidt, S. 28.

die Parteien ihr Übriges dazu getan. (...) So war das. Doch muss ich ... Ich habe ja auch Kontakt gehabt mit einigen Vertretern des Zentralen Runden Tisches, wo dieses Bedauern auch nach wie vor ... jetzt im Nachhinein betrachtet, wo wir uns 15 Jahre später mal irgendwo gesehen haben und gesagt haben: »Ja, die Chancen waren da, aber nein.« (...) Es ist (...), es ist bedauerlich, aber andererseits ist es so, wie es gekommen ist, jedenfalls der bessere Weg, als wenn die DDR weiter bestanden hätte. Das sehe ich so. Die DDR hätte so, wie sie gewirkt hat, nicht weitermachen können. Das war klar. Und ob wir uns hätten teurer verkaufen können, ich weiß es nicht, sagen wir mal so im Sinne einer Konföderation, wie es ja seinerzeit eigentlich auch schon mal, in den 1960er-Jahren, von Ulbricht angedacht war, aber durch die Sowjetunion verhindert wurde. Weiß ich nicht, ob eine solche Konföderation möglich gewesen wäre, die schrittweise Öffnung der DDR, dass man durch Management-Buy-out und durch Beteiligungen, das irgendwo hätte langsamer vollziehen können, damit es dann diese recht schroffen Verluste, die es gegeben hat, diese Löcher, die entstanden sind ... Aber wie gesagt, das ist Kaffeesatzleserei. Da braucht niemand irgendwas nachzutrauern und ja, die Treuhandpolitik hat ihr Übriges dann dazu getan. Das, denke ich, war ein großer Fehler, über die Treuhand die Volkseigenen Betriebe so zu privatisieren oder plattzumachen. Das (...) aber andererseits, ich hätte auch bloß keine Alternative gesehen, weil die Machtverhältnisse waren so, dass man es durchziehen konnte, und der Widerstand, der durch Gewerkschaften entgegensetzt wurde, war zum Teil wirkungsvoll, aber konnte leider nicht alles verhindern. Und dennoch muss ich sagen: Die Kollegen, die Belegschaften haben immer gesehen, dass die IG Metall versucht hat, dagegenzuhalten, aber wenn es irgendwo nicht weiterging und die Kollegen tatsächlich arbeitslos wurden, wurde das nicht der IG Metall zugeschrieben. Die Schuld wurde nicht der IG Metall zugeschrieben. Massenhafte Austritte aus der IG Metall haben wir deshalb nicht gehabt, und die Mitgliederrückgänge hatten dann einfach damit zu tun, dass sich die Branche extrem verkleinert hat, dass ein hoher Anteil an Arbeitslosen, an Vorruheständlern entstanden ist, die uns dann die Mitglieder gekostet haben.[199]

Günter Petzsch

Petzsch schätzt die Handlungsfähigkeit und Kraft der Gewerkschaften, konkret der IG Chemie-Papier-Keramik als nicht groß genug ein, um sich gegenüber der Treuhand durchzusetzen.

Ich glaube nicht, dass das ausreichend war, zu dem Zeitpunkt. Dazu war auch die Fülle der Aufgaben, die anstand, viel zu kompliziert, und was die Treuhand damals, Birgit Breuel[200], wie die Ausrichtung der Treuhand ... es wird zwar immer noch bestritten, dass Privatisieren vor Sanieren stand, sondern auch der Erhalt, aber der, nicht nur der Indus-

199 Transkript Merbitz, S. 22f.
200 Birgit Breuel (1937), CDU, April 1991 bis Dezember 1994 Präsidentin der Treuhandanstalt.

triekerne, sondern auch der Betriebe insgesamt. Also, ich glaube, wahrgenommen zu haben, dass in der Mehrzahl plattgemacht wurde, also, das ist nicht nur am Beispiel Henkel und der Fettchemie passiert, wo ich sage, das hätte ganz anders laufen können, auch der Standort hätte erhalten werden können. Aber insgesamt, ich glaube, dass wir auch nicht, in Summe, die politische Kraft hatten, als Gewerkschaften, noch mehr Standorte in Deutschland zu erhalten, zumal die Ausrichtung der Treuhand politisch eine ganz andere war, aus meiner Wahrnehmung, in der Nachwendezeit, als wir uns das alle gewünscht hätten, eine ganz andere.

Hall: Also, schätzen Sie ein, dass der Handlungsspielraum der Industriegewerkschaft Chemie-Papier-Keramik nicht groß genug war? Hermann Rappe[201] saß ja im Verwaltungsrat der Treuhandanstalt.

Petzsch: Es ist vieles passiert, gemacht worden und erhalten worden, aber nicht ausreichend, so. Und ob wir die Kraft gehabt hätten, nicht nur in Person Hermann Rappe, sondern der gesamten Organisation, noch mehr zu tun – ich glaube Hermann hat schon in seiner Person viel getan, weil er eben auch mit der Macht, mit der CDU, zum damaligen Zeitpunkt, vielleicht besser reden konnte, an mancher Ecke, im Interesse der Beschäftigung und Standorterhaltung. Da ist viel passiert, aber eben nicht ausreichend, und ich glaube, das hat nicht nur was zu tun, mit der Gewerkschaft an sich, sondern überhaupt mit den politischen Verhältnissen in Deutschland, wie der Osten denn betrachtet wird. Ich glaube, dass vielerorts die Konzerne, und wir haben nun mal die Marktwirtschaft, das als verlängerten Absatzmarkt hier betrachtet hatten und weniger Erhaltung der Kerne. Da ist man heute mehr orientiert drauf, um nicht alles plattzumachen. Das glaube ich schon. Aber zum damaligen Zeitpunkt: Ich glaube nicht, dass mehr möglich war. Es hätte mehr gemacht werden können, aber die Kraft ... ich glaube der politische Einfluss, auch der gewerkschaftliche, hat nicht ausgereicht, um noch mehr erhalten zu können.[202]

Fazit der Interviewten

Alle Zeitzeuginnen und Zeitzeugen haben den Umbruch 1989/90 trotz der großen Herausforderungen im Rückblick grundsätzlich positiv wahrgenommen. Dies ist sicher auch in den jeweiligen Lebensläufen seit 1989/90 begründet. Keiner der Befragten war längerfristig arbeitslos. Stattdessen waren berufliche Aufstiege möglich. Die positiven Einschätzungen insbesondere der hauptamtlichen Gewerkschafterinnen und Gewerkschafter spiegeln auch ihre Verbundenheit mit und ihre Integration in die bundesdeutschen Gewerkschaftsorganisationen wider. Den vorhandenen Triumpherzählungen, beispielsweise zur Gründung von Beschäftigungsgesellschaften, erfolgreichen Arbeitskämpfen

201 Hermann Rappe (1929), 1982 bis 1995 Vorsitzender der IG Chemie-Papier-Keramik.
202 Transkript Petzsch, S. 32 f.

oder Tarifverhandlungen stehen kritische Äußerungen zum Ablauf des Vereinigungsprozesses gegenüber.

Regina Klefler

Regina Klefler hat sich während des Umbruchprozesses viel neues Wissen aneignen müssen, hat dieses aber sehr gerne getan und sieht ihre gewerkschaftliche Tätigkeit als positiv, auch wenn ihre Durchsetzungskraft an Grenzen gestoßen ist.

Hall: Was empfinden Sie heute, wenn Sie an diesen Anpassungs- und Integrationsprozess zurückdenken. Das war ja auch für Sie ein Prozess des Lernens, Sie haben es eben geschildert, es gab viele Schulungen, vieles musste sich neu angeeignet werden, auch wenn Sie vorher schon gewerkschaftlich tätig waren, aber …

Klefler: Grundsätzlich was Neues, ja.

Hall: Ja, was empfinden Sie, wenn sie daran zurückdenken?

Klefler: Gute Frage. Ja, erst mal war ich mit meiner Arbeit zufrieden, die ich dann zwangsläufig übernommen hatte, weil ich nun mal gewählt war, und also rückblickend kann ich eigentlich nichts Negatives sagen. Ich habe die Arbeit gerne gemacht. Ich bin auf alle Fälle sehr viel schlauer geworden, habe viel gelernt, bin manchmal an Grenzen gestoßen, wenn es darum ging, bestimmte Sachen gegenüber übergeordneten Leitungen anzubringen oder durchzusetzen. Tja, das also in dieser Phase …, heute rückblickend muss ich sagen, ich habe die richtige Entscheidung getroffen, dass ich das gemacht habe. Ich hätte mich vielleicht geärgert, wenn ich es nicht gemacht hätte und dann mit meiner Vorstellung, die ich ursprünglich hatte, nichts geworden wäre. Die Arbeit lag mir.

Hall: Nun können Sie ja recht gut vergleichen auch zwischen Ihrer Arbeit in der Gewerkschaft in der DDR und in der Bundesrepublik. Wie hat sich Ihr gewerkschaftliches Bild dadurch verändert?

Klefler: Das hat sich nicht verändert. Ich habe mich immer für die Interessen der Menschen eingesetzt und das habe ich jetzt auch gemacht. Wie gesagt, man muss nicht oben irgendwo schwimmen. Viele sagen: »Naja, Geschäftsführerin«, so hieß es ja dann. So, ich habe mich selbst bereit erklärt, die Gebäudereiniger zu bearbeiten. Das heißt also, in dem Bereich Gebäudereiniger Mitglieder zu werben, Probleme aufzunehmen, den Frauen und Männern zu helfen. Da war ich mir nie zu fein. Andere würden sagen: »Ich bin Geschäftsführer. Mach ich nicht!« Also, solche Sachen. Ich könnte nicht sagen, dass das mich irgendwie verändert hat, oder so. Wie gesagt, meine Devise ist: Immer für den Schwächeren zu kämpfen. So, und das habe ich in meiner Funktion dort gemacht, im Interesse der Mitglieder und natürlich auch im Interesse der Gewerkschaft als Ganzes, als IG BAU dann letztendlich.[203]

203 Transkript Klefler, S. 37 f.

Jutta Schmidt

Jutta Schmidt hat eine ganz ähnliche Sichtweise wie Regina Klefler, was die Annahme von Herausforderungen und die positive Sicht auf die eigene gewerkschaftliche Tätigkeit betrifft.

Ansonsten muss ich sagen, empfinde ich diesen Anpassungsprozess als ungeheure Bereicherung und abgesehen davon, dass er mich gesundheitlich geschlaucht hat und alles drum und dran, aber ich möchte eigentlich keinen Tag davon missen. Und ich habe so viele tolle Leute kennengelernt von, also ich sage mal, von ganz oben bis ganz unten oder umgekehrt. Also ich habe ÖTV-Mitglieder kennengelernt, also wirklich ganz, ganz tolle Menschen. Ich habe in der Politik tolle Menschen kennengelernt, habe Freunde gewonnen. [...] Und ich bin aber auch im Nachhinein dankbar, muss ich sagen, dass ich einen Beruf hatte, der mir Spaß gemacht hat, und immer eine Tätigkeit gehabt habe, die mir Spaß gemacht hat, und eigentlich nie widerwillig zur Arbeit gegangen bin.[204]

Eva-Maria Stange

Stange schildert große Veränderungen im beruflichen und persönlichen Umfeld, die zunächst Skepsis hervorriefen, in ihrer Familie aber positiv bewältigt werden konnten. Gesellschaftlich ist sie der Meinung, dass immer noch ein Stück gemeinsame Identität fehlt, die zusammen hätte entwickelt werden müssen (Beispiel Verfassungsfrage). Sie ist insgesamt froh über die Wende, nicht nur wegen der Reisefreiheit, sondern weil ein geteiltes Deutschland nicht in eine globale Welt passe.

Also, zum einen waren diese Skepsis, beziehungsweise auch das, nicht zu wissen, wie es weiter geht, sehr wohl berechtigt, weil das konnte niemand wissen zum damaligen Zeitpunkt. Und für mich persönlich, für meine Familie ist es insgesamt positiv ausgegangen. Also, wir haben alle unseren Weg gefunden, die Kinder haben ihren Weg gefunden, und es ist jetzt niemand, wie das ja in vielen Familien der Fall gewesen ist, in ein Loch gefallen oder war langzeitarbeitslos. Also, wir haben ... mit Arbeitslosigkeit, natürlich sind wir konfrontiert worden. Auch mein Mann war mal arbeitslos gewesen. Aber wir ... also, insgesamt kann man sagen, es ist für uns, hat es funktioniert. Aber auch weil ... Ich weiß gar nicht, wie ich das sagen soll, es sind viele Glücksumstände natürlich dabei gewesen in diesem ... und auch natürlich die eigene Aktivität, dass man immer ständig auch versucht hat zu gestalten. Also, nicht sich einfach nur hinzugeben, sondern auch zu gestalten. Aber damit will ich nicht in Abrede stellen, dass wenn jemand in einem Betrieb gearbeitet hat, der pleitegegangen ist, sich nicht auch gedreht hat und alles versucht hat und trotzdem, weil er jetzt 45 oder 50 war, in die Arbeitslosigkeit gekommen ist und aus diesem Loch nicht wieder rausgekommen ist. Also, das ist nicht das einzige Kriterium, was dabei zählt. Also, ich sage mal, innerhalb der Gesellschaft hat es schon

204 Transkript Schmidt, S. 40.

viele, viele Verwerfungen gegeben. Und wir sehen das auch heute noch und wir werden das bis in die Rente der Menschen hinein sehen, dass es nicht gelungen ist, insbesondere was den Arbeitsmarkt anbelangt, diesen Veränderung-, diesen gesellschaftlichen Veränderungsprozess für die Menschen so positiv zu gestalten, dass sie tatsächlich zufrieden sind damit. [...] Ich denke, dieser, also ich sage mal ein Beispiel, was ich nach wie vor, oder zwei Sachen, die für mich nach wie vor gravierend sind: Viele im Osten werden das Grundgesetz bis heute nicht kennen und die wichtigsten Paragrafen im Grundgesetz, und nicht, weil sie das nicht lesen können oder so, sondern weil das Grundgesetz nicht (...), das ist nicht ihr Grundgesetz, also das heißt, das ist nicht von uns ein Stück mitgestaltet worden und auch mitdiskutiert worden, sondern es war da. [...] Man hätte genauso gut, diese Vorschläge gab es ja auch, den Weg gehen können und sagen: »Lasst uns was Gemeinsames machen!« Und das ist nicht geschehen und das ist, führt natürlich in solchen, bei solchen Identitätsfragen: »Gehöre ich jetzt eigentlich dazu oder gehöre ich nicht dazu?«, bei vielen Menschen auch zum Bruch in ihrer Biografie. Also, ich bin heute froh, dass die Wende gekommen ist, nicht nur wegen der Reisetätigkeit, sondern weil ich auch denke, es ist, wenn wir von einer globalen Welt reden, ist es abstrus, wenn dann durch Deutschland so eine Grenze durchgeht. Also, das wäre auch überhaupt nicht mehr haltbar gewesen. Aber was eben über so viele Jahre, und wir sehen das, wenn ich mal die SPD nehme oder auch die GEW nehme in der Gewerkschaftsbewegung, die vielen Jahre der Trennung, die ja eigentlich schon, wenn man so will also erst die Nazizeit, dann nach dem Krieg die Zeit, das ist ja eine Zeit, wo eine vollkommen getrennte Entwicklung dann stattgefunden hat, wo auch vieles einfach nicht mehr da ist. An eine Gewerkschaftsbewegung, an eine wirkliche Gewerkschaftsbewegung, konnte man ja gar nicht anknüpfen [...]. Und das machen sich viele vielleicht gar nicht klar [...], dass auch so ein Stück gemeinsame Identität nach wie vor fehlt, die nicht entwickelt worden ist. Das wird sich, über die Generationen wird sich das vielleicht verändern. Also, ich erlebe das jetzt in meiner eigenen Familie, nicht nur weil mein Mann und ich mit dem Westen arbeitsmäßig verbunden sind. [...] Unsere Familien sind in, also zwei Töchter haben Männer, also die eine wohnt im Westen, die andere hat einen Mann, der aus dem Westen kommt. Also, das mischt sich jetzt irgendwo. Da spielt das dann auch nicht mehr die Rolle. Da geht man dann auch gemeinsame Wege und kann sich auch gar nicht mehr vorstellen, dass das mal getrennt gewesen ist. Aber es sind schon unterschiedliche Sozialisationskulturen und das habe ich innerhalb der GEW sehr deutlich gespürt, also wie eben die Kollegen im Westen in die GEW sozialisiert worden sind und wie wir in die Gewerkschaft sozialisiert wurden. [...] Also, es wird noch ein bisschen dauern, bis man wirklich ja eine gemeinsame Identität hat, die nicht nur darin besteht, dass man Deutsch spricht und in einem deutschem Territorium lebt, sondern dass man wirklich auch auf gemeinsame Traditionen, gemeinsame Werte, gemeinsame Erfahrungen zurückgreifen kann.[205]

205 Transkript Stange, S. 36ff.

Peter Witte

Peter Witte berichtet von den großen Herausforderungen für die ostdeutsche Bevölkerung und die immer noch bestehenden Einkommensunterschiede in Ost und West. Er zieht ein geteiltes Resümee der eigenen Verantwortung.

Also, es war 1989, okay, die wenigen Wochen bis zum Jahreswechsel 1990, dieser Umbruch war schon eine gigantische Herausforderung. Wenn man sich vorstellte, dass für uns, ich sage es mal salopp, Ossis sich ja im Prinzip alles geändert hat. Das fing bei trivialen Versicherungen, Hausratsversicherungen, Autoversicherungen an, ging über die Krankenversicherung, wo man dann mit einem Mal wählen konnte, über die Fragen: Wie geht es mit der Miete weiter? Wie geht es – nun bei mir nicht unmittelbar – dann mit dem Job weiter? Wie geht es mit den Kindern weiter? Das war enorm und für viele ja auch sehr, sehr schwer zu bewältigen. Und dann diese sintflutartigen Einbrüche, die wir hier hinnehmen mussten, wir auch als Vertreter der Belegschaften hinnehmen mussten, wo hier geschlossen wurde, da geschlossen wurde, teilweise aus Gründen, die keiner nachvollziehen konnte, und dennoch wurde geschlossen. Heute wissen wir, dass dahinter eben doch ein Stück der Konkurrenzkampf oder der Konkurrenzdruck stand. Also, ich sage heute unumwunden, auch zurückblickend, dass dieser Umbruch einer war, der alle Beteiligten in den neuen Bundesländern hier wahnsinnig gefordert hat. Und dass so manch einer mit dieser Forderung und mit den neuen Anforderungen nicht fertig wurde oder nur schwer fertig wurde, das konnte man damals an vielen Stellen verstehen und ist heute erst recht nachvollziehbar, auch nachvollziehbar, weil wir heute 22, 23 Jahre nach der Wende immer noch mit Osttarifen und Westtarifen leben, mit Ostrenten und Westrenten leben. Und man es keinem Menschen beibringen kann […]. Ich habe auf dem Gebiet gewirkt, ich habe an das Willy-Brandt-Haus geschrieben, ich habe meinen eigenen letzten Parteitag hier genutzt und einen Beschlussantrag eingebracht, der einstimmig angenommen wurde, dass diese Diskreditierung und Diskriminierung der Menschen im Osten hier ein Ende haben muss, diese Diskreditierung und Diskriminierung, die damals anfing und die bis heute an bestimmten Stellen nicht aufgehört hat. Und das ist, wenn man dann im Nachhinein feststellt, dass man ja ein Stückchen Verantwortung auf diesem Gebiet selber auch mitgetragen hat, ein Resümee, was nicht nur zum Jubeln Anlass gibt, sondern im Gegenteil auch nachdenklich und ja traurig stimmt. Denn für viele ist das eine Geringschätzung ihrer Lebenszeit, ihrer Lebensarbeitszeit, die sie jetzt nun im Ruhestand hinnehmen müssen. Und für mich ist es völlig ein Absurdum und völlig im Kontrast auch zu unserem Grundgesetz, dass es jetzt also mittlerweile Bundesländer wiederum gibt, die den Länderfinanzausgleich beklagen und ihn abschaffen wollen und das sind genau dieselben Bundesländer, die zur Zeit die höchsten Westtarife zahlen können, die aufgrund dessen unsere jungen Leute, die gut ausgebildet sind, aus den neuen Bundesländern hier abziehen, weil die gehen natürlich dahin, wo man zehn, 20, 30 Prozent mehr Geld verdienen kann und sich damit auch eine bessere Rente letztendlich sichert – ist ja zur Zeit ein Dauerthema, die Altersarmut –, und die dann diesen Ländern, woraus sie ihre schöpferische Kraft der Menschen saugen, ziehen, schöpfen, auch noch den Finanzausgleich verwehren wollen. Und da wünschte ich mir, dass unsere Gewerkschaften an dieser Stelle sich öfter mal zu Wort melden und den Finger in die Wunde legen. Denn die Altersarmut, die retten wir nicht nur durch irgendwelche neuen Systeme und vielleicht eine nochmalige Verlängerung des Renteneintrittsalters, sondern die lösen wir vorausschauend, wenn man so will nur, indem man vernünftige Löhne zahlt. Und der erste Schritt dafür ist nicht nur der Mindestlohn, sondern ist erst mal diese Ost-West-Angleichung hier durchzuziehen, gleicher Lohn für gleiche Arbeit. Und das hier immer mit diesen angeblich niedrigeren Produktivitätsraten in den neuen Bundesländer zu begründen, ist eigentlich mehr als an den Haaren herbeigezogen, denn der Busfahrer, der hier fährt, oder der Dachdecker, der hier das Dach eindeckt, mit Sicherheit pro Stunde genauso viel Quadratmeter, wie der Dachdecker, der im Westen die Pfannen aufs Dach legt, … also es ist schon Zeit, da sich ganz laut in Erinnerung zu bringen, so wie wir es in den Wendemonaten teilweise recht drastisch gemacht haben.[206]

Peter Praikow

Praikows Aussage über den Umbruch 1989/90 steht im Prinzip stellvertretend für die Meinung aller interviewten Zeitzeuginnen und Zeitzeugen.

Aber im Rückblick, wenn man die Zeitspanne sieht, '89/'90 also bis zur Vereinigung der beiden deutschen Gewerkschaften, war es für mich die absolut spannendste Zeit, weil wir, das war ich ja nicht alleine, das waren ja Kolleginnen und Kollegen, die da die Ärmel hochgekrempelt haben und da was Neues erkannt und auch was Neues getan haben, sich da sehr engagiert haben.[207]

206 Transkript Witte, S. 60 ff.
207 Transkript Praikow, S. 3.

Anhang

Liste der Interviews

Zeitzeugin/Zeitzeuge	*Datum*	*Interviewort*
Sieglinde Merbitz	22.08.2012	Großdeuben (Leipzig)
Wolfgang Weber	04.09.2012	Jasmunder Nationalpark (Rügen)
Günter Petzsch	12.09.2012	Chemnitz
Thomas Arnold	11.10.2012	Leipzig
Jutta Schmidt	25.10.2012	Neuenhagen (Berlin)
Peter Witte	22.11.2012	Summt (Berlin)
Peter Praikow	30.11.2012	Berlin
Regina Klefler	16.01.2013	Gera
Dr. Renate Hürtgen	17.04./06.08.2013	Berlin
Peter Schulze	23.05.2013	Magdeburg
Gerhard Weise	23.05.2013	Magdeburg
Dieter Walther	30.05.2013	Hohen Neuendorf (Berlin)
Dr. Eva-Maria Stange	06.06.2013	Dresden

Literatur

Andresen, Knud: Zu Erzählmustern in lebensgeschichtlichen Interviews mit Gewerkschafterinnen und Gewerkschaftern, in: BIOS 25 (2012) 1, S. 118–134.

Ansorg, Leonore/Hürtgen, Renate: »Aber jetzt gibt es initiative Leute und die müßte man eigentlich alle an einen Tisch bringen«. Die »Initiative für unabhängige Gewerkschaften« (IUG) 1989–1990. Darstellung und Dokumente, (= Berliner Arbeitshefte und Berichte zur sozialwissenschaftlichen Forschung, Nr. 73. Berlin, Juli 1992).

Apelt, Andreas H. (Hg.): Aufbrüche und Umbrüche. 20 Jahre deutsche Einheit. Zeitzeugen ziehen Bilanz, Halle (Saale) 2010.

Apelt, Andreas H. (Hg.): Mein Herbst '89. Zeitzeugen berichten, Berlin 2010.

Assmann, Aleida: Der lange Schatten der Vergangenheit. Erinnerungskultur und Geschichtspolitik, München 2006.

Assmann, Jan: Kollektives Gedächtnis und kulturelle Identität, in: Jan Assmann/Tonio Hölscher (Hg.): Kultur und Gedächtnis, Frankfurt am Main 1988, S. 9–19.

Botz, Gerhard/Weidenholzer, Josef (Hg.): Mündliche Geschichte und Arbeiterbewegung. Eine Einführung in Arbeitsweisen und Themenbereiche der Geschichte »geschichtsloser« Sozialgruppen (Materialien zur Historischen Sozialwissenschaft 2), Wien, Köln 1984.

Fichter, Michael/Kurbjuhn, Maria: Spurensicherung. Der DGB und seine Gewerkschaften in den neuen Bundesländern 1989–1991 (= Hans-Böckler-Stiftung, Manuskripte 120), Düsseldorf 1993.

Fulbrook, Mary: Ein ganz normales Leben. Alltag und Gesellschaft in der DDR (aus dem Englischen v. Karl Nicolai), Darmstadt 2008.

Gatzmaga, Ditmar/Voß, Thomas/Westermann, Klaus (Hg.): Auferstehen aus Ruinen. Arbeitswelt und Gewerkschaften in der früheren DDR, Marburg 1991.

Gehrke, Bernd/Hürtgen, Renate (Hg.): Der betriebliche Aufbruch im Herbst 1989. Die unbekannte Seite der DDR-Revolution, Berlin 2001.

Gewerkschaftliche Monatshefte 41 (1990) 5/6, Themenheft: »Auf dem Weg zur deutschen Einheit«, S. 376–388, 393–402.

Gewerkschaftliche Monatshefte 41 (1990) 12, Dokumentation »Der Prozeß der gewerkschaftlichen Einheit«, S. 785–807.

Gill, Ulrich: FDGB. Die DDR-Gewerkschaft von 1945 bis zu ihrer Auflösung 1990, Köln 1991.

Grele, Ronald J.: Ziellose Bewegung. Methodologische und theoretische Probleme der Oral History, in: Lutz Niethammer (Hg.): Lebenserfahrung und kollektives Gedächtnis. Die Praxis der »Oral History«, Frankfurt am Main 1985, S. 195–220.

Halbwachs, Maurice: Das Gedächtnis und seine sozialen Bedingungen, Frankfurt am Main 1985 (französische Erstausgabe 1925).

Henke, Klaus-Dietmar (Hg.): Revolution und Vereinigung 1989/90. Als in Deutschland die Realität die Phantasie überholte, München 2009.

Hertle, Hans-Hermann: »Wir werden uns nicht unter Wert verkaufen!« Interview mit Helga Mausch, Vorsitzende des FDGB, über den Versuch, den FDGB vom Kopf auf die Füße zu stellen; Berlin, 26.3.1990, Berlin 1990 (= Berliner Arbeitshefte und Berichte zur sozialwissenschaftlichen Forschung, 29).

Hertle, Hans-Hermann: »Wir müssen jetzt von der Basis aus handeln!« Interview mit Peter Pischner, Vorsitzender des Betriebsgewerkschaftsrates der IG Metall im VEB Kabelwerk Oberspree »Wilhelm Pieck« (KWO), Berlin 1990 (= Berliner Arbeitshefte und Berichte zur sozialwissenschaftlichen Forschung, 46).

Hürtgen, Renate: »Die Erfahrung laß ick mir nicht nehmen!« Demokratieversuche der Belegschaften in den DDR-Betrieben zwischen Oktober 1989 und Januar 1990, in: Bernd Gehrke (Hg.): … das war doch nicht unsere Alternative: DDR-Opposition zehn Jahre nach der Wende, Münster 1999, S. 200–221.

Hürtgen, Renate: Die »Wende« in den Betrieben der DDR im Herbst 1989 – ein unbekanntes Terrain, in: Potsdamer Bulletin für Zeithistorische Studien, Nr. 23/24, Oktober 2001, S. 41–47.

Hürtgen, Renate: Zwischen Disziplinierung und Partizipation. Vertrauensleute des FDGB im DDR-Betrieb, Köln u. a. 2005.

IG Bauen-Agrar-Umwelt (Hg.): Im Rückblick, Bd. 1: Die Industriegewerkschaft Bau in der sowjetischen Besatzungszone 1945 bis 1949. Die Industriegewerkschaft Bau-Holz in der Deutschen Demokratischen Republik 1950 bis 1990; Redaktion: Lothar Lindner/Hermann Hunger, Frankfurt am Main o.J. [1996]

Jander, Martin: Formierung und Krise der DDR-Opposition: Die »Initiative für unabhängige Gewerkschaften« – Dissidenten zwischen Demokratie und Romantik, Berlin 1996.

Kallmeyer, Werner/Schütze, Fritz: Zur Konstitution von Kommunikationsschemata der Sachverhaltsdarstellung, in: Dirk Wegner: Gesprächsanalysen. Vorträge, gehalten anläßlich des 5. Kolloquiums des Instituts für Kommunikationsforschung und Phonetik, Bonn, 14.–16. Oktober 1976 (= Forschungsberichte des Instituts für Kommunikationsforschung und Phonetik, Bd. 65), Hamburg 1977, S. 159–274.

Kleßmann, Christoph: »Deutschland einig Vaterland«? Politische und gesellschaftliche Verwerfungen im Prozess der deutschen Vereinigung, in: Zeithistorische Forschungen/Studies in Contemporary History, Online Ausgabe, 6 (2009) H. 1 (http://www.zeithistorische-forschungen.de/16126041-Klessmann-1-2009).

Kowalczuk, Ilko-Sascha: Endspiel. Die Revolution von 1989 in der DDR, München 2009.

Kowalczuk, Ilko-Sascha: Revolution ohne Arbeiter? Die Ereignisse 1989/90, in: Peter Hübner: Arbeit, Arbeiter und Technik in der DDR 1971 bis 1989. Zwischen Fordismus und digitaler Revolution. Mit einem Essay von Ilko-Sascha Kowalczuk über die Arbeiter in der Revolution 1989/90, (= Geschichte der Arbeiter und der Arbeiterbewegung in Deutschland seit dem Ende des 18. Jahrhundert, Bd. 15, hrsg. v. Gerhard A. Ritter), Bonn 2014, S. 537–610.

Mellies, Dirk/Möller, Frank (Hg.): Greifswald 1989. Zeitzeugen erinnern sich, Marburg 2009.

Müller, Hans-Peter/Wilke, Manfred: Zwischen Solidarität und Eigennutz. Die Gewerkschaften des DGB im deutschen Vereinigungsprozess, Melle 1991.

Niethammer, Lutz: Oral History, in: Ilko-Sascha Kowalczuk (Hg.): Paradigmen deutscher Geschichtswissenschaft. Ringvorlesung an der Humboldt-Universität zu Berlin, Berlin 1994, S. 189–210.

Niethammer, Lutz/Plato, Alexander von/Wierling, Dorothee: Die volkseigene Erfahrung. Eine Archäologie des Lebens in der Industrieprovinz der DDR. 30 biographische Eröffnungen, Berlin 1991.

Obertreis, Julia/Stephan, Anke (Hg.): Erinnerungen nach der Wende/Remembering after the Fall of Communism. Oral History und (post-)sozialistische Gesellschaften/Oral History and (Post-)Socialist Societies, Essen 2009.

Plener, Ulla (Hg.): Die Treuhand – der Widerstand in Betrieben der DDR – die Gewerkschaften (1990–1994). Tagung vom 2. April 2011 in Berlin. Beiträge und Dokumente, Berlin 2011.

Rödder, Andreas: Deutschland einig Vaterland. Die Geschichte der Wiedervereinigung, München 2009.

Rösler, Jörg: Die kurze Zeit der Wirtschaftsdemokratie. Zur »Revolution von unten« in Kombinaten und Betrieben der DDR während des 1. Halbjahres 1990, Berlin 2005.

Scharrer, Manfred: Der Aufbau einer freien Gewerkschaft in der DDR 1989/90. ÖTV und FDGB-Gewerkschaften im deutschen Einigungsprozess, Berlin 2011.
Schmitz, Kurt Thomas/Tiemann, Heinrich/Löhrlein, Klaus: Mitgliederentwicklung: Gewerkschaftseinheit und Gewerkschaftsaufbau in Deutschland, in: Michael Kittner (Hg.): Gewerkschaftsjahrbuch 1991. Daten-Fakten-Analysen, Köln 1991, S. 70–89.
Schütze, Fritz: Die Technik des narrativen Interviews in Interaktionsfeldstudien – dargestellt an einem Projekt zur Erforschung von kommunalen Machtstrukturen (= Universität Bielefeld, Fakultät für Soziologie (Hg.): Arbeitsberichte und Forschungsmaterialien, Nr.1), Bielefeld 1977.
Seideneck, Peter: Die soziale Einheit gestalten: Über die Schwierigkeiten des Aufbaus gesamtdeutscher Gewerkschaften, in: Aus Politik und Zeitgeschichte 41 (1991) 13, S. 3–11.
Tiemann, Heinrich: Gewerkschaftseinheit in Deutschland: Wege und Strategien, in: Frank Löbler/Josef Schmid/Heinrich Tiemann (Hg.): Wiedervereinigung als Organisationsproblem. Gesamtdeutsche Zusammenschlüsse von Parteien und Verbänden, Bochum 1991, S. 111–124.
Wierling, Dorothee: Geboren im Jahr Eins. Der Jahrgang 1949 in der DDR. Versuch einer Kollektivbiographie, Berlin 2002.
Wilkens-Friedrich, Wilfried: Die Beziehungen zwischen Neuem Forum und Gewerkschaften am Beispiel Berlin. Eine Fallstudie zum Spannungsverhältnis von neuen und alten sozialen Bewegungen (= Freie Universität Berlin, Zentralinstitut für Sozialwissenschaftliche Forschung, 1994).

Internetressourcen

http://www.zeitzeugenbuero.de/index.php?id=detail&zzp=299, letzter Zugriff am 19.3.2014).
Tagungsbericht Deutsche Zeitgeschichte zwischen Ost und West. 17.03.2010, Hamburg, in: H-Soz-u-Kult, 21.04.2010, <http://hsozkult.geschichte.hu-berlin.de/tagungsberichte/id=3080>, letzter Zugriff am 19.2.2011.
Tarifrunde 1993: Der Konflikt um den Stufenplan in der Metallindustrie, in: http://www.boeckler.de/wsi-tarifarchiv_3269.htm, letzter Zugriff am 20.8.2014.

Abkürzungen

AGL	Abteilungsgewerkschaftsleitung
BEWAG	Berliner Städtische Elektrizitätswerke Aktiengesellschaft
BGL	Betriebsgewerkschaftsleitung
BKV	Betriebskollektivvertrag
BMK	Bau- und Montagekombinat
CDA	Christlich-Demokratische Arbeitnehmerschaft
CDU	Christlich Demokratische Union Deutschlands
DAG	Deutsche Angestellten-Gewerkschaft
DFD	Demokratischer Frauenbund Deutschlands
DGB	Deutscher Gewerkschaftsbund
DPG	Deutsche Postgewerkschaft
DSF	Deutsch-Sowjetische Freundschaft
EOS	Erweiterte Oberschule
FDGB	Freier Deutscher Gewerkschaftsbund
FDJ	Freie Deutsche Jugend
FDP	Freie Demokratische Partei
GBR	Gesamtbetriebsrat
GEW	Gewerkschaft Erziehung und Wissenschaft
HdG	Hochschule der Deutschen Gewerkschaften »Fritz Heckert«
IFA	Industrieverband Fahrzeugbau
IFF	Institut für Fördertechnik
IG	Industriegewerkschaft
IG BAU	Industriegewerkschaft Bauen-Agrar-Umwelt
IG BE	Industriegewerkschaft Bergbau und Energie
IG BEW	Industriegewerkschaft Bergbau-Energie-Wasserwirtshaft
IG BSE	Industriegewerkschaft Bau-Steine-Erden
IG CPK	Industriegewerkschaft Chemie-Papier-Keramik
IUG	Initiative für unabhängige Gewerkschaften
Kfz	Kraftfahrzeug
KGL	Kombinatsgewerkschaftsleitung
NVA	Nationale Volksarmee
ÖTV	Gewerkschaft Öffentliche Dienste, Transport und Verkehr
PDS	Partei des Demokratischen Sozialismus
PH	Pädagogische Hochschule
POS	Polytechnische Oberschule
RAG	Ruhrkohle Aktiengesellschaft
RGW	Rat für gegenseitige Wirtschaftshilfe
RKV	Rahmenkollektivvertrag
SBTK	Straßen-, Brücken- und Tiefbaukombinat

SDP	Sozialdemokratische Partei in der DDR (gegr. 07.10.1989)
SED	Sozialistische Einheitspartei Deutschlands
SKET	Schwermaschinenbau-Kombinat »Ernst-Thälmann«
SPD	Sozialdemokratische Partei Deutschlands
TAKRAF	Tagebau-Ausrüstungen, Krane und Förderanlagen
VTA	Verlade- und Transportanlagenbau Leipzig
VUKWA	Verband Unternehmen kommunale Wasser- und Abwasser
WBB	Wärmeanlagenbau Berlin
ZBGL	Zentrale Betriebsgewerkschaftsleitung

Die Autoren

Detlev Brunner, geb. 1959, Privatdozent Dr. phil. habil., 1991 Promotion an der TU Berlin, 2004 Habilitation an der Universität Rostock, seit Wintersemester 2010/11 Vertretung des Lehrstuhls für Neuere und Zeitgeschichte an der Universität Leipzig, stellvertretender Vorsitzender der Johannes-Sassenbach-Gesellschaft.

Christian Hall, geb. 1982 in Güstrow, 2003–2008 Studium der Geschichte, Klassischen Archäologie und Politikwissenschaft an der Universität Rostock, 2008 Magister Artium, 2009/10 Projektmitarbeit an der Forschungsstelle für Universitätsgeschichte der Universität Rostock, 2012/13 Bearbeiter des Forschungsprojektes »Demokratischer Umbruch und Neuaufbau der Gewerkschaften – Erinnerungen gewerkschaftlicher Zeitzeugen der DDR« an der Universität Leipzig, Doktorand am Historischen Institut der Universität Rostock.